Татьяна Смирнова

Музейная экспозиция в эпоху цифровых открытий

Татьяна Смирнова

Музейная экспозиция в эпоху цифровых открытий

LAP LAMBERT Academic Publishing

Impressum / **Выходные данные**

Bibliografische Information der Deutschen Nationalbibliothek: Die Deutsche Nationalbibliothek verzeichnet diese Publikation in der Deutschen Nationalbibliografie; detaillierte bibliografische Daten sind im Internet über http://dnb.d-nb.de abrufbar.

Alle in diesem Buch genannten Marken und Produktnamen unterliegen warenzeichen-, marken- oder patentrechtlichem Schutz bzw. sind Warenzeichen oder eingetragene Warenzeichen der jeweiligen Inhaber. Die Wiedergabe von Marken, Produktnamen, Gebrauchsnamen, Handelsnamen, Warenbezeichnungen u.s.w. in diesem Werk berechtigt auch ohne besondere Kennzeichnung nicht zu der Annahme, dass solche Namen im Sinne der Warenzeichen- und Markenschutzgesetzgebung als frei zu betrachten wären und daher von jedermann benutzt werden dürften.

Библиографическая информация, изданная Немецкой Национальной Библиотекой. Немецкая Национальная Библиотека включает данную публикацию в Немецкий Книжный Каталог; с подробными библиографическими данными можно ознакомиться в Интернете по адресу http://dnb.d-nb.de.

Любые названия марок и брендов, упомянутые в этой книге, принадлежат торговой марке, бренду или запатентованы и являются брендами соответствующих правообладателей. Использование названий брендов, названий товаров, торговых марок, описаний товаров, общих имён, и т.д. даже без точного упоминания в этой работе не является основанием того, что данные названия можно считать незарегистрированными под каким-либо брендом и не защищены законом о брендах и их можно использовать всем без ограничений.

Coverbild / Изображение на обложке предоставлено: www.ingimage.com

Verlag / Издатель:
LAP LAMBERT Academic Publishing
ist ein Imprint der / является торговой маркой
OmniScriptum GmbH & Co. KG
Heinrich-Böcking-Str. 6-8, 66121 Saarbrücken, Deutschland / Германия
Email / электронная почта: info@lap-publishing.com

Herstellung: siehe letzte Seite /
Напечатано: см. последнюю страницу
ISBN: 978-3-659-47745-4

ОГЛАВЛЕНИЕ

ВВЕДЕНИЕ

Каждая историческая эпоха формирует индивидуальные особенности развития музеев. Музей сегодня, оставаясь учреждением, хранящим уникальные артефакты, стремительно видоизменяется: меняются формы работы, меняется аудитория, меняются сами музейные сотрудники. В данном исследовании речь пойдет о самом заметном новшестве XXI века – появлении в музее цифровых технологий: «Появление информационных технологий в музее рассматривается как шаг модернизации в его основной деятельности. Компьютерные технологии в пространстве экспозиции – это звено логической цепочки музейной информатизации, в состав которой входят такие процессы, как автоматизация учетно-фондовой работы, взаимодействие музея и Интернета и т.д.»[1].

Аргументируя тезис о том, что музей – это не абстрактный «институт социальной памяти», специалист в сфере музейного проектирования Т.П. Поляков отмечает, что «музей начинается и заканчивается там, где начинается и заканчивается музейный предмет – т.е. подлинный материальный свидетель историко-культурных процессов, явлений и событий, имеющих социальную значимость»[2]. Ключевым элементом музейной экспозиции всегда был и остается музейный предмет. Однако идея, смысл, история музейного предмета могут доноситься до зрителя различными способами, в том числе через использование цифровых технологий. Музейная экспозиция, являясь одной из основных форм музейной работы, оказалась наиболее подвержена внедрению новых технологий, особенно цифровых. В XXI веке в лексикон посетителей и музейных специалистов прочно вошли понятия «сенсорный киоск», «виртуальный музей», «трехмерная модель» и др. Постепенно формируется цифровой инструментарий, позволяющий музейным

---

[1] Заславец Н.Н. Современные информационные технологии в системе экспозиции музея // Научно-исследовательская работа в музее. Тезисы докладов на VIII Всероссийской научно-практической конференции МГУКИ. 29-30 ноября 2005 г. – М., 2006. – С. 37.

[2] Поляков Т.П. Мифология музейного проектирования, или «Как делать музей?». – М.: ПИК ВИНИТИ, 2003. – С. 211.

специалистам по-новому раскрыть информационный потенциал музейных предметов, а посетителям по-новому взглянуть на окружающее культурное наследие.

В данном исследовании описано развитие и взаимодействие на протяжении последних 50 лет (1962 – 2013 годы) цифровых технологий и музейной экспозиции. В исследовании определены этапы использования информационно-коммуникационных технологий в музее и модели, по которым проектируется музейная экспозиция с привлечением цифровых средств на современном этапе. Параллельно приводятся примеры создания музейных экспозиций и рассматриваются коммуникационные возможности цифрового оборудования в пространстве музейной экспозиции.

ЧАСТЬ ПЕРВАЯ

ИНФОРМАЦИОННО-КОММУНИКАЦИОННЫЕ ТЕХНОЛОГИИ В МУЗЕЕ: ОТ ПЕРВЫХ ЭВМ К ЦИФРОВЫМ ТЕХНОЛОГИЯМ

Первое применение компьютерной техники в музее зафиксировано в 1962 году: «Правительство Франции приняло закон о создании «Генерального каталога художественных сокровищ страны», в который должно быть включено около 5 миллионов объектов (недвижимых памятников и музейных коллекций). Для реализации этой программы создана специальная Служба информатики при Министерстве культуры»[1]. История развития электронной вычислительной техники берет свое начало задолго до 1962 года. Для того чтобы понять, когда и с какой целью началась интеграция электронных вычислительных машин в музейную сферу, сопоставим основные этапы развития компьютерной техники с этапами развития музейного учреждения. По степени взаимодействия компьютерной индустрии и музейного учреждения определим шесть этапов.

ПЕРВЫЙ ЭТАП: КОМПЬЮТЕРНЫЕ ТЕХНОЛОГИИ НЕ ВЗАИМОДЕЙСТВУЮТ С МУЗЕЕМ

На первом этапе техническое развитие происходит обособленно. Взаимодействия с музейным учреждением не наблюдается. Хронологически данный период можно обозначить с 1871 по 1962 годы: с года появления первого устройства, обозначившего принципы современного компьютера (1871 год, машина Ч. Бэббиджа),[2] до того момента, когда впервые зафиксировано применение электронной вычислительной техники для описания музейного предмета (1962 год, подписание закона о Генеральном каталоге

---

[1] Асеев Ю.А., Шер Я.А. Вступительная статья редакторов перевода // Музейная каталогизация и ЭВМ. – М.: Мир, 1983. – С. 12.
[2] См.: Doron Swade. The cogwheel brain: Charles Babbage – the quest to build the first computer / Чарльз Бэбидж (1791 – 1871) – создатель первой вычислительной машины (Великобритания). – London, 2000.

художественных сокровищ Франции)[1]. Кратко опишем технические достижения, произошедшие на данном этапе, что принципиально важно для понимания этапов последующих.

Первые механические вычислительные машины появляются в эпоху Возрождения[2]. На протяжении XVII-XIX вв. техническая мысль прошла сложный путь развития от примитивных вычислительных машин до появления первых идей о возможности создания прибора, который в наши дни называется «компьютер». Одним из первых ученых, предложившим использовать принцип программного управления для автоматического выполнения арифметических вычислений, был английский математик Чарльз Бэббидж. В 1871 году Ч. Бэббидж изготовил опытный образец арифметического устройства аналитической машины и принтера. Аналитическая машина Бэббиджа включала в себя устройство для ввода программы при помощи отверстий на перфокартах; «склад» (память) для тысячи 50-ти разрядных десятичных чисел; «завод», устройство для выполнения операций над числами (арифметическое устройство); блок управления, устройство для вывода результатов на печать. Хотя движимая паром аналитическая машина Бэббиджа никогда не была построена, однако, работая над устройством, Ч. Бэббидж определил основные черты современного компьютера. Впоследствии аналитическая машина Бэббиджа оказала значительное влияние на дальнейшее развитие технической мысли человечества. На протяжении последующего периода стремительно развиваются технологии изобретения электронной вычислительной техники. Каждое новое десятилетие приближало человечество к эре компьютерных технологий.

---

[1] Ноль Л.Я. Информационные технологии в деятельности музея: учебное пособие для студентов высших учебных заведений, обучающихся по специальности 021000 – Музеология. – М. Российский гос. гуманитарный ун-т, 2007. – С. 25.
[2] См.: Апокин И.А. История вычислительной техники: от простейших счетных приспособлений до сложных релейных систем. – М.: Наука , 1990.

ПЕРВЫЙ ЭТАП: КОМПЬЮТЕРНЫЕ ТЕХНОЛОГИИ НЕ ВЗАИМОДЕЙСТВУЮТ С МУЗЕЕМ
1871 – 1962 годы

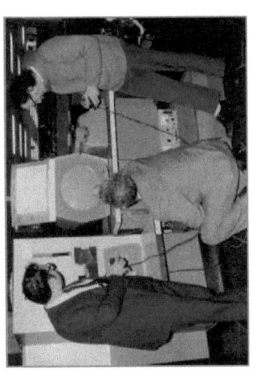

Компьютер второго поколения «PDP-1» (1960 год)

Отечественный компьютер первого поколения «БЭСМ-2» (1955 год)

«Аналитическая машина», сконструированная по технологии Ч. Бэббиджа (1871 год, Музей науки, г. Лондон)

Компьютер «ENIAC» (1946 год)

Чарльз Бэббидж (1791–1871), портрет (Музей науки, г. Лондон)

Машина «Марк-1» (создатель Говард Эйкен, 1944 год)

До середины 30-х годов XX века вычислительная техника развивалась по пути создания настольных счетных машин для автоматизации элементарных арифметических вычислений и счетно-перфорационного оборудования для решения задач статистики и учета[1]. Со второй половины 30-х годов XX века на основе работы счетно-перфорационных устройств были предприняты попытки создать программно-управляемые автоматические вычислительные устройства для сложных научно-технических расчетов. Первые такие вычислительные устройства были построены на технологии электромеханических реле и работали по программам, записанным на перфоленты или перфокары. В 40-е годы XX века был построен ряд релейных вычислительных систем: в Германии (К. Цузе) и США (Г. Айкен и Дж. Стибиц).

К 1930 году общее число счетно-аналитических комплексов в мире достигло 6-8 тысяч штук[2]. В начальный период развития перфорационной техники она применялась главным образом в статистике, научно-технических вычислениях в области астрономии, математики. Со временем все более возрастает применение для бухгалтерского учета, и например, в 40-е годы XX века в СССР в статистике использовалось около 10 % счетно-аналитических машин, а более 80 % – в бухгалтерском учете[3]. В 1926 году в промышленности, на транспорте, в государственных банках создаются крупные машиносчетные станции. К 1932 году в СССР было создано 12 машиносчетных станций, а к 1935 году отечественная промышленность наладила выпуск всех основных видов счетно-аналитического оборудования. Особенно много внимания правительства разных стран стали уделять развитию вычислительной техники перед началом Второй Мировой войны, понимая, как много преимуществ

---

[1] См.: Авдонин Б.Н., Мартынов В.В. Отечественная электроника. Этапы создания и развития: Монография. – М.: Креативная экономика, 2012; Казакова И.А. История вычислительной техники: учеб. пособие. – Пенза: Изд-во ПГУ, 2011; Поспелов Ю.С. Исторические этапы развития техники. Компьютеризация общества и управление. – М: ЗАО «Книга», 2012.
[2] См.: Ланина Э.П. История развития вычислительной техники. – Иркутск: Изд-во ИрГТУ, 2001. – С. 37.
[3] Там же.

получает сторона, владеющая машинными способами кодирования и декодирования информации.

Говорить о первых устройствах, называемых «компьютер», можно, начиная с 40-х гг. XX века, когда создаются приборы на электронных лампах и электронно-лучевых трубках (первое поколение компьютеров, 1944 – 1954 годы). Компьютеры первого поколения создавались как универсальные и применялись для решения научно-технических задач, но не имели еще системного программного обеспечения. В компьютерах первого поколения вручную выполнялись операции ввода программы и вывода результатов.

С 1950 года начинается замена ламповых диодов полупроводниковыми, что обозначило новый этап в развитии электронных вычислительных машин (второе поколение компьютеров, 1955 – 1964 годы). Компьютер «SEAC» (США, 1950 год) был одним из первых компьютеров, в котором использовались полупроводниковые диоды. Кроме устройств считывания и записи на перфоленты появляются устройства вывода на алфавитно-цифровые печатающие устройства. Развиваются языки высокого уровня (Алгол60, Кобол, Фортран2) и трансляторы к ним.

Таким образом, на первом этапе появляются первые электронные вычислительные устройства, ставшие прототипами современных компьютеров. Компьютерная техника развивается по экспериментальному пути, вследствие чего происходит обособление первых школ и организаций, занимающихся разработкой компьютерной техники. Сферы применения компьютерной техники постепенно расширяются. В сознание музейных работников проникают первые идеи о возможности применения компьютерной техники в музейной сфере.

ВТОРОЙ ЭТАП:

ПЕРВЫЕ ПРОЕКТЫ В МУЗЕЕ С ПРИМЕНЕНИЕМ ЭВМ

Появление третьего поколения компьютерной техники (1964 – 1974 годы) обозначило новые перспективы ее развития и применения. Компьютеры развиваются по принципу уменьшения габаритов и упрощения принципов использования, что постепенно привлекает внимание представителей гуманитарных направлений, в том числе музееведения. Третье поколение компьютеров разрабатывалось на новой элементной базе посредством перехода от дискретных полупроводниковых элементов к интегральным схемам. В компьютерах третьего поколения был расширен набор внешних устройств. Появились устройства ввода графической информации с чертежа, оптические читающие устройства, графопостроители. В начале 60-х годов XX века появились первые устройства внешней памяти на магнитных дисках.

Впервые идея создания интегральных схем – устройств, вмещающих в себя, фрагменты электронных схем, начала активно обсуждаться в 1952 году в Англии. Начало этому положил эксперт по радарам Г.В. Даммер: «В 1952 году Г.В. Даммер выдвинул идею создания монолитной полупроводниковой интегральной схемы, но только в 1962 году началось промышленное производство интегральных схем»[1]. Благодаря интегральным схемам удалось значительно улучшить технические и эксплуатационные характеристики компьютеров. В 1971 году фирма «Intel» выпустила первый 4-х разрядный микропроцессор, выполненный на одном кристалле и способный выполнять набор из 45 команд. В то время его называли микропрограммным компьютером на одном кристалле. Первый экспериментальный компьютер на интегральных схемах был создан фирмой «Texas Instruments» по контракту с военно-воздушными силами США. Разработка велась 9 месяцев и была завершена в 1961 году. Типичным универсальным компьютером третьего поколения, определившим технические возможности компьютеров этого класса, стал

---

[1] Авдонин Б.Н., Мартынов В.В. Отечественная электроника. Этапы создания и развития: Монография. – М.: Креативная экономика, 2012. – С. 53.

компьютер «IBM360», выпущенный в 1964 году. Первой электронной вычислительной машиной (ЭВМ), разработанной в Советском Союзе на интегральных микросхемах, была построенная в 1970 году в Ереванском научно-исследовательском институте математических машин ЭВМ «Наири 3» и ее модификации «Наири 3-1» и «Наири 3-2».

Активность компьютерных разработок привела к тому, что в начале 1960-х годов XX века появляются первые идеи о необходимости использования техники в музейной деятельности. В литературе, как правило, описывается опыт трех государств, ставших «первопроходцами» в сфере применения компьютерной техники в музейном деле: Франция, Канада и США.

Франция, как уже упоминалось выше, стала первым государством, законодательно предложившим создание информационной системы посредством ЭВМ (Генеральный каталог художественных сокровищ Франции): «Первичная информация, т.е. описание исторических памятников и музейных коллекций, фиксируется на стандартных бланках типа наших паспортов на памятник, которые называются «досье». Досье являются документами вечного хранения, их оригиналы на руки никому не выдаются. Каждое досье переснято на микропленку; все микропленки хранятся в специальных кассетах, позволяющих осуществлять поиск нужной информации в автоматическом режиме. Содержание нужной микропленки высвечивается на экране читально-копировального аппарата; в случае необходимости изготовляется копия данного документа на бумаге»[1]. Таким была первоначальная модель Генерального каталога. К 1980-м годам она была существенно усовершенствована, но именно в 60-е годы были заложены ключевые особенности: систематизация информации по определенным признакам, возможность поиска и вывода информации на печать.

В работах российского музееведа Л.Я.Ноля приводится опыт применения ЭВМ в США: «Как свидетельствуют зарубежные источники, в начале этого же

---

[1] Асеев Ю.А., Шер Я.А. Вступительная статья редакторов перевода // Музейная каталогизация и ЭВМ. – М.: Мир, 1983. – С. 12.

десятилетия американский ученый Дэвид Вэнс (David Vance) воспользовался услугами мощного компьютера, установленного в одном из американских университетов, с целью обработки данных о небольшой музейной коллекции»[1]. Описания музейных предметов, перенесенные на перфокарты, были введены в компьютер, обработаны и отсортированы по заданным критериям с помощью специально разработанной программы. Результаты печатались на бумаге в форме каталога, который считается первым музейным каталогом, выпущенным с помощью компьютера. В 1963 году в США специалистами Национального музея национальной истории (г. Вашингтон) начинаются первые разработки в области автоматизированной каталогизации музейных коллекций. Для реализации проекта использовалась большая ЭВМ с программным обеспечением SELGAM[2].

В 1972 году в Канаде по решению правительства началась разработка Канадской национальной «Программы каталогизации музейных коллекций», однако запуск в эксплуатацию был осуществлен только в 1975 году. К основным функциям системы относятся информационный поиск и автоматизированное воспроизведение разного рода документов: «Система «понимает» оба официальных языка Канады (английский и французский). На начало 1982 г. в системе хранилось и обрабатывалась информация о более чем 2 млн. предметов из художественных, археологических, этнографических и естественноисторических коллекций»[3]. Таким образом, первой сферой музейного дела, в которую проникают компьютерные технологии, стала научно-фондовая работа. Первый опыт в развитии данного направления – зарубежный. В США компьютеризация музеев проходила под контролем Смитсонианского института, в Канаде – Канадской Информационной сети по

---

[1] Ноль Л.Я. Информационные технологии в деятельности музея: учебное пособие для студентов высших учебных заведений, обучающихся по специальности 021000 – Музеология. Москва: Российский гос. гуманитарный ун-т , 2007. – С. 35.
[2] Там же.
[3] Асеев Ю.А., Шер Я.А. Вступительная статья редакторов перевода // Чинхолл Р. Музейная каталогизация и ЭВМ. – М.: Мир, 1983. – С. 13-14.

Национальному Наследию (Canadian Heritage Information Network CHIN), в Великобритании – Ассоциации Музейной Документации (Museum Documentation Association MDA). Первые проекты с применением компьютерных технологий послужили основанием для обсуждения дальнейшего развития компьютера в пространстве музея на международном уровне, формирования национальных и международных объединений. Одно из наиболее крупных объединений данного периода – Комитет по музейной документации (International Documentation Committee CIDOC)[1]: «Работая в CIDOC, специалисты из разных стран информируют друг друга о состоянии компьютеризации в странах-участницах, обмениваются опытом, вырабатывают рекомендации по наиболее важным проблемам, организуют работу по международным научным программам»[2]. Таким образом, в 1960-е годы намечается множество путей развития вычислительной техники, как в техническом плане (от многопроцессорных суперкомпьютеров до широкодоступных персональных компьютеров), так и с точки зрения применения (от военного дела, экономики до музейного дела). Первые музейные проекты с использованием компьютерной техники пока разрабатывались для эксперимента, а не для оптимизации музейной деятельности. Для работы на компьютерном оборудовании требовались особые технические знания и навыки. Оборудование 1960-х было громоздким, операции производились медленно. Перспективы использования новой техники в музейном деле пока воспринимались специалистами лишь на интуитивном уровне. Однако совершенствование компьютеров на последующих этапах подтвердит тезис музейных энтузиастов о позитивном воздействии информатики на музейную работу.

---

[1] Официальная страница «CIDOC Chairperson Information Management Department Referential Project Manager» в сети Интернет: www.icom.museum/the-committees/international-committees/international-committee/international-committee-for-docu-mentation.

[2] Ноль Л.Я. Информационные технологии в деятельности музея: учебное пособие для студентов высших учебных заведений, обучающихся по специальности 021000 – Музеология. – М.: Российский гос. гуманитарный ун-т, 2007. – С. 45.

ВТОРОЙ ЭТАП:
ПЕРВЫЕ ПРОЕКТЫ В МУЗЕЕ С ПРИМЕНЕНИЕМ ЭВМ
1962 – 1974 годы

КОМПЬЮТЕРЫ ТРЕТЬЕГО ПОКОЛЕНИЯ

Образец интегральной схемы

Компьютер «ЭВМ ЕС-1010»
(1971 год)

Одна из машин серии «System/360»
(1964 год)

ИДЕИ О НЕОБХОДИМОСТИ ИСПОЛЬЗОВАНИЯ КОМПЬЮТЕРНОЙ ТЕХНИКИ В МУЗЕЙНОЙ ДЕЯТЕЛЬНОСТИ

ФРАНЦИЯ

1962 год

Генеральный каталог художественных сокровищ Франции

США

1963 год

Автоматизированная система каталогизации музейных коллекций в Музее национальной истории

КАНАДА

1972 год

Программа каталогизации музейных коллекций

ТРЕТИЙ ЭТАП: ПЕРВЫЕ ПРОЕКТЫ
С ПРИМЕНЕНИЕМ ЭВМ В СОВЕТСКИХ МУЗЕЯХ

Третий этап охватывает 1970-е годы и связан с функционированием четвертого поколения компьютеров. Ключевая особенность компьютеров четвертого поколения – использование микропроцессора. Первый микропроцессор изобретен в 1971 году (фирма Intel, США) в ходе разработки программируемого калькулятора. На базе технологии микропроцессора разработаны микрокомпьютеры, новый класс электронных вычислительных машин. Появление микропроцессора означает, что миниатюрный логический автомат может быть встроен в небольшое по габаритам устройство. При этом устройство приобретает новое качество – интеллектуальность. Для построения микрокомпьютера дополнительно подключались микросхемы памяти и микросхемы, обеспечивающие обмен информацией между процессором и внешними устройствами. Вышеуказанный технологический прорыв открывает новые возможности для компьютеризации: «В 1974 году Micro Instrumentation Telemetry Systems (MITS), занимающаяся электроникой в городе Альбукерке (шт. Нью-Мексико), объявила о разработке небольшого компьютера для индивидуального пользования «Altair». Altair, во всеобщем понимании, стал первым коммерческим массовым «персональным компьютером»[1].

В марте 1974 года компания «Scelbi Computer Consulting» представила машину на базе более раннего процессора «Intel — 8008». Она имела 1 кбайт программируемой памяти и была предназначена в основном для научного применения. В июле того же года журнал «Radio Electronics» опубликовал статью о другом сборном домашнем компьютере «Mark-8» (на базе процессоров 8008). В 1975 году был выпущен первый текстово-графический дисплей, в этом же году фирма IBM выпустила первый персональный компьютер (IBM 5100).

---

[1] См.: Ланина Э.П. История развития вычислительной техники. – Иркутск: Изд-во ИрГТУ, 2001. – С. 61.

В 1976 году был выпущен первый персональный компьютер компании «Apple», которая позднее стала выпускать широко известные компьютеры «Macintosh». С 1977 года начинается массовое производство персональных компьютеров.

В 1981 году появился первый успешно продаваемый персональный компьютер фирмы «IBM» – «IBM PC», успех которого привел к тому, что торговая марка «PC» стала нарицательным именем персональных компьютеров.

Таким образом, компьютерная техника становится доступной по цене, мобильной и понятной с точки зрения использования для различных категорий граждан. К началу 80-х годов производительность персональных компьютеров составляла сотни тысяч операций в секунду, производительность суперкомпьютеров достигала сотен миллионов операций в секунду, а «мировой парк компьютеров превысил 100 млн.»[1].

Дальнейшее развитие вычислительной техники привело к широкому использованию ее во всех областях человеческой деятельности. Для справки в США выпуск персональных компьютеров возрос с 1974 по 1978 год с 73 тысяч штук до 3 миллионов штук[2]. Также отметим обстоятельство, что в 70-е годы стали развиваться сетевые технологии, появились специальные компьютеры для организации сетей, получившие название серверы и рабочие станции. Продолжается дальнейшее развитие архитектур компьютеров. Совершенствуются персональные компьютеры, развиваются новые мультимедийные возможности. Теперь компьютер служит для создания и воспроизведения звука и графической информации (например, движущихся объектов).

---

[1] Там же.
[2] См.: Ланина Э.П. История развития вычислительной техники. – Иркутск: Изд-во ИрГТУ, 2001. – С. 48.

ТРЕТИЙ ЭТАП: ПЕРВЫЕ ПРОЕКТЫ С ПРИМЕНЕНИЕМ ЭВМ В СОВЕТСКИХ МУЗЕЯХ 1970-е годы

КОМПЬЮТЕРЫ ЧЕТВЕРТОГО ПОКОЛЕНИЯ

Apple II (апрель 1977 г.)

Atari 400 (1979 год)

Texas Instruments TI-99/4 (1979 год)

Образец микропроцессора

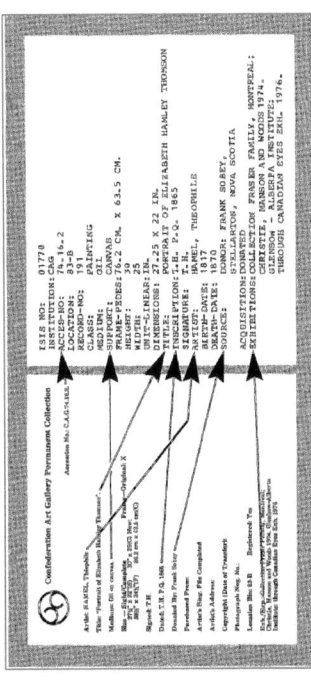

Пример описания музейного предмета
в Программе каталогизации музейных коллекций (Канада)

Сотрудник музея за компьютером,
(Музей национальной истории, США)

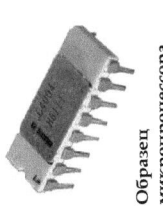

17

В СССР в 1970-е годы компьютеризация организаций и граждан проходит крайне медленными темпами. Персональные компьютеры широко не используются. Примером отечественных компьютеров четвертого поколения может служить многопроцессорный вычислительный комплекс «Эльбрус» (1977 – 1978 годы). Все компьютерные разработки преимущественно направлены на узкоспециализированные сферы: военное дело, ядерные разработки, инженерия, геофизика.

В 70-е годы зафиксировано первое применение компьютерной техники в отечественной музейной сфере. Первые отечественные проекты с применением компьютерной техники, также как и в 1960-е годы на международном уровне, были посвящены созданию электронных баз данных по музейным предметам: «Идею использования компьютера в отечественном музее впервые озвучил директор Государственного Эрмитажа Борис Борисович Пиотровский, предложивший в 1975 году молодому сотруднику Эрмитажа, археологу Якову Абрамовичу Шеру, применить компьютерную технологию для обработки некоторых коллекций музея»[1]. В 1977 году Я.А. Шер подготовил компьютерные демонстрации по двум выборочным коллекциям: античной художественной бронзе и петроглифам Центральной Азии. Идейной основой упомянутых выше проектов был модный в те годы сюжет – реализовать «союз физиков и лириков»: «Инициатива совершенствования обработки музейных данных с помощью компьютера, предложенная Я.А.Шером и Ю.А.Асеевым, была активно поддержана группой молодых ученых-программистов из Ленинградского отделения вычислительного центра Академии Наук СССР (ВЦ АН СССР)»[2]. Для проекта использовалась ЭВМ «МИР-2», установленная в ВЦ АН СССР. Использование оборудования сторонней партнерской организации (в данном случае, Ленинградское отделение ВЦ АН СССР) – характерная

---

[1] Ноль Л.Я. Информационные технологии в деятельности музея: учебное пособие для студентов высших учебных заведений, обучающихся по специальности 021000 – Музеология. – М.: Российский гос. гуманитарный ун-т, 2007. – С. 35.
[2] Там же. – С. 28.

особенность первых подобных музейных проектов. Таким образом, в 70-е годы XX века распространяются идеи о возможностях использования электронной вычислительной техники в музейном пространстве: первые эксперименты производятся и советскими музейными специалистами.

ЧЕТВЕРТЫЙ ЭТАП: ПОЯВЛЕНИЕ АВТОМАТИЗИРОВАННЫХ ИНФОРМАЦИОННЫХ СИСТЕМ

Четвертый этап охватывает десятилетие 1980-х годов. Основная особенность, определившая развитие музейного дела – широкое распространение персональных компьютеров, в том числе в отечественной практике, и усложнение баз данных по музейным коллекциям. В 80-е годы получили развитие основные итоги предыдущего периода, а также были сформулированы ключевые требования к компьютерной технике: простота использования, мобильность и комфортный дизайн. Данные качества будут определять развитие техники в последующие десятилетия.

В 80-е годы XX века на мировом рынке наибольшую популярность набирали персональные компьютеры производителей «Hewlett-Packard», «IBM» и «Apple». Производство персональных компьютеров превращается в коммерческое дело. В 1983 году фирма «IBM» выпустила компьютер «PC/XT», он был укомплектован жестким диском на 10 Мбайт, имел оперативную памятью до 640 Кбайт и операционную систему MS-DOS.

В 1983 году корпорация «Apple Computers» разработала персональный компьютер «Lisa» – первый офисный компьютер, управляемый манипулятором «мышь». И только в 1984 году был выпущен прославивший фирму персональный компьютер «Apple Macintosh». Он имел графический интерфейс, 9-дюймовый экран, работал на частоте 8МГц и был построен на 32-битном микропроцессоре «Motorola 68000». С его появлением вводятся в обиход понятия «мышка» и «иконки», облегчающие работу с компьютером.

К 1986 году разработано несколько советских моделей персональных машин, появляются интересные программные разработки для автоматизации офисного труда. В 1986 году начинается выпуск одной из самых популярных машин линии «СМ» – «микроЭВМ СМ 1810», которая также выступала в роли персонального компьютера. К классу бытовых относилась выпускавшаяся в г. Зеленограде модель «Электроника БК-0010» (БК – бытовой компьютер), которая в качестве дисплея использовала обычный телевизор и обеспечивала всего 64 Кбайт оперативной памяти. Другая разработка Министерства электронной промышленности, «Электроника-85», была оснащена специальным дисплеем и имела 4 Мбайта оперативной памяти. К классу профессиональных относилась и машина под названием «Искра-226». Машина «Корвет» строилась на базе процессора, воспроизводящего функции процессора «Intel 8086», и широко применялась в процессе компьютеризации школ.

Распространение персональных компьютеров, рост их популярности способствовали дальнейшему развитию информационных технологий в музейном деле. В 80-е годы компьютеры в музеях продолжают использоваться для создания баз данных.

В 1981 году под руководством заведующего отделом Востока Государственного Эрмитажа В.Г.Луконина разрабатываются база данных и машинные каталоги по сасанидским монетам. Описание носило научный характер, содержало более 100 признаков, для многих из которых была разработана система специальных словарей.

В Русском музее в 1985 году под руководством Ю.А.Асеева разработан электронный каталог советской графики, представляющий собой информационно-поисковую систему. Данная система позволила автоматизировать процессы составления каталогов и картотек музейных предметов, появилась возможность одноразового ввода информации и многоразового ее использования: «Этот электронный каталог был сделан задолго до известной теперь всем программы КАМИС – на большой американской машине Syber в ЛИИАНе (Ленинградский институт информатики АН СССР). В музее стоял удаленный терминал, с которого и осуществлялся ввод данных. Собственно, это была первая сеть. Уже тогда ГРМ использовал сетевые технологии. Было это в 1983 году. Вообще, до КАМИСа много что было, хотя теперь многим это кажется странным»[1]. Вышеуказанные базы данных отличались примитивным характером систематизации описаний музейных предметов и музейных коллекций. В 1980-е годы появляются системы, именуемые автоматизированными информационными системами. Такие системы отличали более сложный уровень организации данных.

В 1985 году по поручению Министерства культуры СССР была разработана Концепция автоматизированной информационной системы о памятниках истории и культуры СССР «АИС-ПАМЯТНИК», содержащая предложения по использованию компьютерных технологий в сфере культурного наследия, как по недвижимым памятникам, так и по музейным коллекциям. К планомерным работам по созданию информационных систем о памятниках истории и культуры в СССР приступили с начала 1980-х годов, когда в структуре Научно-исследовательского центра по комплексным проблемам управления и развития отраслями культуры Министерства культуры СССР была создана целевая группа квалифицированных специалистов. Получив доступ к зарубежным публикациям, группа провела тщательный анализ опыта применения компьютеров для обработки и хранения данных о культурном наследии в европейских странах и США. С самого начала предполагалось, что музейная система будет ориентирована на применение всех доступных в тот период вычислительных средств: ЭВМ серии ЕС и СМ, зарубежные мини-ЭВМ, а также появившиеся к концу 1980-х годов персональные компьютеры.

---

[1] Киссель О., Потапенко Н. Эволюция музейного мультимедиа: опыт Русского музея // Журнал «60 параллель». № 4 (27), 2007. – С. 100-109.

ЧЕТВЕРТЫЙ ЭТАП: ПОЯВЛЕНИЕ АВТОМАТИЗИРОВАННЫХ ИНФОРМАЦИОННЫХ СИСТЕМ
1980-е годы

ПЕРСОНАЛЬНЫЕ КОМПЬЮТЕРЫ

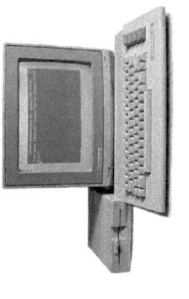

Macintosh 128K (1984 год)

Commodore 64 (1986 год)

IBM PC Convertible (1981 год)

IBM PC Convertible (1986 год)

Книга Р. Чинхолла
«Музейная каталогизация и ЭВМ» –
одно из первых опубликованных исследований
по вопросам информатизации в музее

По замыслу структура «АИС-ПАМЯТНИК» в перспективе должна была включать следующие элементы:

o автоматизированные информационные системы для отдельного музея;

o автоматизированные информационные системы, организованные на базе крупных музеев и построенные по тематическому принципу (например, объединяющие коллекции различных музеев по предметно-тематической области «Русская живопись», «Зарубежная живопись» и др.);

o автоматизированные информационные системы регионального уровня, объединяющие в единую сеть музеи одного региона;

o автоматизированная информационная система государственного уровня (прообраз Государственного Каталога Музейного Фонда России, к работе над которым специалисты Министерства культуры Российской Федерации приступили во второй половине 1990-х годов).

К сожалению, в полном объеме проект по созданию «АИС-ПАМЯТНИК» так и не был реализован. Созданы были лишь отдельные элементы системы, а многие серьезные проблемы, связанные с выработкой общих подходов к формированию информационных ресурсов по музейным предметам и музейным коллекциям, не решены до сих пор.

Второй автоматизированной информационной системой, реализованной в середине 1980-х годов, стал Автоматизированный банк данных по коллекциям музея (АБД-Музей). Разработчик системы – институт ГИПРОТЕАТР (позднее был переименован в «Центр ПИК»). Впервые система была использована в Центральном музее Революции СССР, что позволило во второй половине 1980-х годов разработать базы данных по разделам «Знамена», «Агитационный фарфор», «Живопись» (из оборудования использовалась мини-ЭВМ «IN-5000», которая была установлена в помещении Министерства культуры СССР).

Таким образом, первые компьютерные программы для хранителей, появившиеся в музеях, автоматизировали процессы каталогизации, исключив бесконечное копирование сведений вручную. Помимо этого, компьютеризация фондов позволила частично выверить описания музейных каталогов. Принципы первых электронных каталогов актуальны до сих пор – являются базовыми для стандартных современного программного обеспечения по учету фондов.

ПЯТЫЙ ЭТАП: ПОЯВЛЕНИЕ СЕТИ ИНТЕРНЕТ
И МУЛЬТИМЕДИЙНЫХ ПРОДУКТОВ

Пятый этап охватывает период 90-х годов XX века. Компьютерная техника на данном этапе становится более функциональной, удобной и мобильной. Определим два основных технологических обстоятельства этого периода.

Первое обстоятельство: с 1991 года набирает популярность сеть Интернет, а в 1993 году появился веб-браузер NCSA Mosaic. В 1990-е годы сеть Интернет объединила в себе большинство существовавших тогда сетей. Объединение выглядело привлекательным благодаря отсутствию единого руководства, а также благодаря открытости технических стандартов сети Интернет, что делало сети независимыми от бизнеса и конкретных компаний. По данным сайта «Internet world stats», публикующего статистические материалы, в декабре 1995 года насчитывалось 16 миллионов пользователей сети Интернет, что составляло 0,4 % от мирового населения[1]. К 2000 году этот показатель увеличился до 304 миллионов пользователей, что составило 5 % от мирового населения.

Второе обстоятельство: развитие компьютерной графики. Первые эксперименты компьютерной графики относятся к периоду 1960-х годов, но практическое ее значение возрастает к концу XX века. Существенный прогресс компьютерная графика испытала с появлением возможности запоминать изображения и выводить их на дисплее компьютера. В 90-е годы возможности компьютерной графики способствуют впечатляющему развитию веб-дизайна,

---

[1] Internet growth statistics // Сайт статистических показателей «Internet world stats» – URL: http://www.internetworldstats.com/emarketing.htm (дата обращения: 14.09.2013).

трехмерного моделирования, сферы анимации и других направлений, связанных с визуальным представлением информации.

Благодаря появлению сети Интернет и средств компьютерной графики формируется принципиально новая (революционная) особенность цифровых технологий – мультимедийность. Возможности мультимедиа (от латинских слов «multum» – много и «media» – средства) позволили в рамках одного ресурса совместить возможности изображения, кинематографа, анимации, дизайна, текста и звука. Развитие мультимедийности определило в свою очередь тот факт, что с 90-х годов XX века применение цифровой техники переходит в новую плоскость, презентационную. Цифровое оборудование начинает широко применяться для демонстрации информации: появляются электронные презентации, виртуальные туры и панорамы, разнообразные интернет-сайты, анимационные ролики. Развивается индустрия презентационной техники. Выпускается широкий ассортимент цифрового оборудования: проекторы, мониторы, сетевое оборудование, аудиоустройства и видеотехника.

Именно в 90-е годы становится популярным словосочетание «цифровые технологии». Несмотря на то обстоятельство, что в основе цифровых технологий лежат принципы кодирования информации, которые были заложены в середине XX века, в лексикон пользователя понятие внедряется в конце в 90-х годов XX века, что связано с развитием компьютерной графики и расширением спектра цифрового оборудования. Интересное наблюдение позволяет сделать анализ запросов в поисковой системе Российской государственной библиотеки имени В.И. Ленина «Единый электронный каталог (ЭК) РГБ»[1]. По состоянию на 27 августа 2013 г. при запросе по ключевому слову «цифровые технологии» поисковая система сформировала 0 изданий за 1960-е годы, 0 изданий за 1970-е годы, 18 изданий за 1980-е годы, 22 издания за 1990-е годы, 1355 изданий за 2000-е годы, 294 изданий за 2011-2012 гг. Анализ

---

[1] Единый электронный каталог (ЭК) РГБ: www.rsl.ru.

вышеприведенных числовых показателей позволяет сделать вывод о том, что в публикациях 1960-70-х годов практически не применялись словосочетание «цифровые технологии». Популярность темы цифровых технологий возрастает на протяжении периода 1980 – 2012 гг.

Вышеуказанные технологические обстоятельства прямым образом оказали влияние на информатизацию музейных учреждений. В России в середине 1990-х годов компьютеризировано около 200 музеев[1]. Наиболее активно, как и в предыдущие десятилетия, информационные технологии, применялись в учетной деятельности музея. Однако именно на данном этапе производятся первые музейные эксперименты с использованием цифровых технологий в экспозиционном направлении.

Анализируя развитие технологий в учетной деятельности, отметим, что в 1990-е годы появляются профессиональные версии автоматизированных информационных систем, предназначенных для автоматизации учетно-фондовой работы музеев: АБД «МУЗЕЙ» (разработчик – ГПИ «ГИПРОТЕАТР» Минкультуры СССР); система «АИС-МУЗЕЙ» (разработчик – Главный вычислительный центр Минкультуры РФ (ГИВЦ), Комплексная Автоматизированная Музейная Информационная Система «КАМИС» (разработчик – ОАО «АльтСофт»).

На данном этапе в ряде музеев автоматизированные информационные системы используются уже не экспериментально, а на регулярной основе. Установка производилась на рабочие места сотрудников музеев, что определило появление понятия «автоматизированные рабочие места». Одна из ключевых особенностей, с которой столкнулись специалисты при вводе информации в автоматизированные информационные системы – отсутствие единых стандартов на музейную документацию.

---

[1] Ноль Л.Я. Информационные технологии в деятельности музея: учебное пособие для студентов высших учебных заведений, обучающихся по специальности 021000 – Музеология. – М.: Российский гос. гуманитарный ун-т, 2007. – С. 32.

ПЯТЫЙ ЭТАП: ПОЯВЛЕНИЕ СЕТИ ИНТЕРНЕТ И МУЛЬТИМЕДИЙНЫХ ПРОДУКТОВ

1990-е годы

Справочно-информационные зоны в экспозициях

Первые музейные ресурсы в сети Интернет

У каждого музея в силу собственной специфики сложилось собственное понимание описания музейного предмета, в то время как автоматизированные информационные системы предлагали унифицированное решение. Следует отметить, что данная проблема остается актуальной до настоящего времени. С внедрением новых информационных технологий в музейную практику возникли новые требования к знаниям и навыкам, которыми должен обладать музейный специалист. Поэтому в программы переподготовки музейных специалистов стали вводить специальный курс «Компьютерные технологии в музее», а в Российском институте переподготовки работников культуры Минкультуры Российской Федерации (с 1999 года – в Академии) был организован курс лекций, стали проводиться специализированные семинары.

Возросла роль международных контактов: российские специалисты стали активно участвовать в международных конференциях CIDOC, в конференциях национальных музейных ассоциаций по проблемам музейной информатики в США, Канады, Великобритании и других стран. В немалой степени информатизации музеев также способствовало создание в 1996 году Российской Ассоциации по музейной документации и новым информационным технологиям (АДИТ).

В 1990-е годы создаются первые интернет-ресурсы, предоставляющие доступ к информации о музеях. Важным шагом в создании единого регионального музейного информационного пространства стала реализация поддержанных Фондом Сороса проектов Рыбинского музея: в 1999 году «Информационные ресурсы музеев – открытому обществу» и в 2000 – «Шедевры российских музеев – XXI веку», конечной целью которых является создание баз данных о коллекциях музеев в открытом информационном пространстве.

Еще одно направление, характеризующее процессы информатизации во второй половине 1990-х – это создание Региональных (или межрегиональных) Информационных Ресурсных Центров (ИРЦ). Главное назначение деятельности ресурсных центров заключалось в решении проблем, которые не всегда могут быть решены музеями самостоятельно (переподготовка кадров, экспертиза, консалтинг, электронные издания, аккумуляция информации о музейных коллекциях и представление их в открытом информационном пространстве). Примеры подобных центров: Государственный межмузейный центр Республики Карелия (Музейное агентство), Областной Межмузейный Информационный Центр на базе Самарского музея им. П.В. Алабина.

Характеризуя процессы информатизации в сфере музейной экспозиции, отметим, что обнаружилась явная тенденция к объединению усилий различных музеев для решения общих задач. Вскоре интерес к применению компьютеров стали проявлять не только крупные столичные музеи, но и небольшие региональные. В 90-е годы во многих музеях формируются так называемые «справочно-информационные зоны»[1]. Под справочно-информационной зоной понималось несколько компьютеров, размещенных в музейном пространстве и предоставляющих посетителю дополнительную информацию о музее. Преимущественно справочно-информационные зоны создаются в крупных музеях. В Русском музее создается компьютерный класс с доступом к сети Интернет. В Дарвиновском музее несколько мониторов были установлены в экспозиционном пространстве для доступа к официальному сайту музея.

Несмотря на вышеописанные инновационные тенденции, в сравнении с международным опытом в российских музеях наблюдается отставание в развитии информационных технологий. В подавляющем большинстве музеев отсутствовали локальные сети и доступ к сети Интернет, в структуре отсутствовали подразделения по информационным технологиям: «Отдельные энтузиасты находили понимание не в стенах родных музеев, а на конференциях АДИТ. Существовало еще немало музеев, в которых не было вообще ни одного

---

[1] Богомазова Т.Г. Экспозиция без границ: от музейной базы данных к информационно-экспозиционному пространству // Наследие в эпоху социокультурных трансформаций: Материалы международной конференции. – М.: Академический проект, 2010. – С. 446.

компьютера»[1]. Однако именно в 90-е годы XX века смещается акцент в применении цифровых технологий в музейной сфере: помимо учетно-фондовой работы компьютерное оборудование начинает широко применяться в презентационной и экспозиционной деятельности музея, что является ключевой особенностью для данного исследования.

ШЕСТОЙ ЭТАП:
«БУМ» ЦИФРОВЫХ ТЕХНОЛОГИЙ В МУЗЕЙНОМ ДЕЛЕ

Принципиально новая эпоха с точки зрения применения информационно-коммуникационных технологий в деятельности музея – период 2000 – 2013 годов. В течение предшествующего периода в практике музейного дела накопился тот опыт, который позволил в начале XXI века реализовать в музейном пространстве значительное количество проектов с применением цифровых технологий. В отличие от предыдущих периодов цифровое оборудование на данном этапе характеризуется мобильностью и малогабаритностью. Популярностью у музейного посетителя пользуются трехмерные, сенсорные, лазерные технологии. На основе активно развивающихся цифровых технологий формируется новое информационное пространство, объединяющее музей и посетителя. Новое информационное пространство характеризуется следующими особенностями:

o   широкое применение информационно-коммуникационных технологий, в музейном деле. Причем если в 60-90е годы XX века технологии диктовали музею условия создания проекта, то в начале XXI века прослеживается обратная тенденция – идеи, сформулированные в музейной среде, становятся стимулом для разработки новых коммерческих технологий и продуктов;

o   упрощение технологий с точки зрения пользователя: эффекты и продукты, которые раньше могли создать только профессионалы, теперь

---

[1] Там же.

создаются посредством программного обеспечения, простого, с точки зрения освоения и использования рядовым пользователем компьютера (мультимедийные презентации, монтаж аудио- и видеофайлов, редактирование фотографий и др.);

○ формирование новой коммуникационной среды: формируется виртуальное пространство, в котором работают свои правила и особенности. В настоящее время для того, чтобы быть интересным посетителю музеи стремятся разрабатывать проекты на базе социальных сетей, форумов и других сервисов, открывающих виртуальный диалог музея с посетителем;

○ интеграция ресурсов: прослеживается стремление интегрировать (совместить) интеллектуальные и информационные ресурсы, представляющие однотипные музейные данные, хранящиеся в различных музеях (в том числе – и за рубежом)[1];

○ внимание государственной власти к информатизации (реализация музейных проектов с использованием цифровых технологий за счет государственного бюджета);

○ рост партнерских проектов: в 2000-х годах растет число проектов с использованием цифровых технологий, выполненных с зарубежными коллегами.

Революционная особенность шестого этапа – развитие индустрии мобильных телефонов и мобильного контента. Появление разнообразных гаджетов выводит на новый уровень восприятие информации. Посетитель при осмотре музея использует мобильное устройство как вспомогательный инструмент для понимания экспозиционной идеи, для доступа к виртуальной площадке музейной экспозиции. Использование мобильных устройств набирает сегодня огромную популярность.

---

[1] Ноль Л.Я. Информационные технологии в деятельности музея: учебное пособие для студентов высших учебных заведений, обучающихся по специальности 021000 – Музеология. – М.: Российский гос. гуманитарный ун-т , 2007. – С. 41.

ШЕСТОЙ ЭТАП:
«БУМ» ЦИФРОВЫХ ТЕХНОЛОГИЙ В МУЗЕЙНОМ ДЕЛЕ
2000 – 2013 гг.

2 место: Стокгольм   13 место: Москва

3 место: Берлин

1 место: Сингапур

2013 ГОД: РЕЙТИНГ ГОРОДОВ ПО УРОВНЮ РАЗВИТИЯ ИНФОРМАЦИОННЫХ ТЕХНОЛОГИЙ
(ПО ВЕРСИИ АГЕНТСТВА CNEWS ANALYTICS)

32

Музеи в свою очередь идут навстречу посетителям и реализуют проекты, позволяющие раскрыть потенциал мобильных устройств. Характерный пример – проекты с применением QR-кодов (один из вариантов технологии дополненной реальности)[1]. Указатели с QR-кодами устанавливают рядом с экспонатами в музейном пространстве и на объектах культурного наследия в городском пространстве[2].

Также музеи сегодня обращаются и к другим интересным цифровым идеям: разработке мобильных приложений, виртуальных музеев, трехмерных моделей экспонатов, интерактивных панорамных туров и т.д. Эпоха цифровых открытий, на наш взгляд, только началась. Впереди перспективы новых и увлекательных изобретений. В 2010 году в журнале «CNews» опубликована статья «10 технологий, которые изменят мир»[3], повествующая о технологиях, стремительно развивающихся на массовом рынке и во многом определяющих развитие информационно-коммуникационных технологий в XXI веке. В статье описываются 3D-технологии, инструменты дополненной реальности, возможности голосового поиска и распознавания речи, возможности поиска по изображению, «облачные» вычисления, беспроводные зарядные устройства, мобильный ШПД, электронная бумага, интернет в открытом космосе, Web 3.0.

Таким образом, в начале XXI века расширяется спектр музейных проектов с применением цифровых технологий. С 1962 года сотрудничество электронных вычислительных машин (компьютеров) и музеев прошло сложный путь. Было много дискуссий и споров о правомерности применения цифровых технологий в специфическом учреждении – музее. Многие дискуссии актуальны до сих пор. Несмотря на все споры музей, который мы называем

---

[1] Аббревиатура QR производна от английского «quick response» («быстрый отклик»). Достоинство QR-кода – легкое распознавание сканирующим оборудованием (например, фотокамерой мобильного телефона).
[2] Смирнова Т.А. Применение информационно-коммуникационных технологий в деятельности Департамента культурного наследия города Москвы // URL: http://www.adit.ru/rus/conference/adit2012/papers/paper.asp?nomer=41 (дата обращения: 30.09.2013).
[3] Демидов М. 10 технологий, которые изменят мир // CNews, 2010, № 48. – С.72-81.

сегодня современным и интересным, открыт цифровым технологиям: «Еще недавно технология рассматривалась как простой набор рецептур и считалась, чем-то вторичным по отношению к культуре и науке. Но сейчас все яснее осознается, что совершенствование технологии лежит в основе развития цивилизации, а радикально новые формы человеческой культуры всегда сопряжены с рождением принципиально новых технологий»[1].

---

[1] Дорфман В.Ф. Микроэлектроника: Технологический прогресс // Вычислительная техника и ее применение. № 2, 1989. – С. 57.

ПРИМЕРЫ ПРИМЕНЕНИЯ ТЕХНОЛОГИИ ДОПОЛНЕННОЙ РЕАЛЬНОСТИ

Проект «Культурные коды Москвы» (начало реализации – апрель 2012 г.) Основная идея проекта – размещение на объектах культурного наследия города Москвы указателей с QR-кодами. При наведении мобильного телефона на QR-коды любой гражданин может перейти на страницу в сети Интернет, посвященную объекту.

Размещение QR-кодов в экспозиции Музея-панорамы «Бородинская битва» В ноябре 2012 г. в экспозиционных залах Музея установлена бесплатная сеть Wi-Fi и размещены QR-коды. Посетители получают возможность доступа к информации о музейных предметах, используя личные мобильные устройства.

ЧАСТЬ ВТОРАЯ

ПРИМЕНЕНИЕ ЦИФРОВЫХ ТЕХНОЛОГИЙ В МУЗЕЙНЫХ ЭКСПОЗИЦИЯХ РОССИИ

ОТ ИДЕЙ ДО ПЕРВЫХ ПРОЕКТОВ

Первые музейных проекты с применением цифровых технологий были реализованы в конце 90-х годов XX века. Инициаторами проектов, базирующихся на применении оригинальных технических идей, стали музеи крупных российских городов: в первую очередь г. Москва и г. Санкт-Петербург. Данное обстоятельство объясняется экономическими возможностями крупных музеев, что позволяет им приобретать и использовать цифровое оборудование. Постепенно появляются оригинальные цифровые решения в музеях других регионов России.

Первоначально цифровые технологии использовались при создании временных выставок (временные выставки позволяют смелые эксперименты). Но постепенно новые идеи проникли и в постоянные музейные экспозиции. В традиционном понимании музейная экспозиция включает следующие составляющие[1]:

o экспонат, основная единица музейной экспозиции – музейный предмет, выставленный для обозрения;

o экспозиционный материал – совокупность музейных предметов всех типов, выставленных в экспозиции и получивших статус экспонатов, из основного, научно-вспомогательного и ресурсного фондов музея;

o тематическая структура – совокупность взаимосвязанных в логической схеме частей экспозиции;

---

[1] См.: Галкина Т.В. Музееведение: основы создания экспозиции. Учебно-методическое пособие для студентов исторических факультетов вузов по специализации «Историческое краеведение и музееведение». Томск: Изд-во Томского государственного педагогического университета, 2004. – С. 5; Юренева Т.Ю. Учебник для высшей школы. – М.: Академический Проект, 230. – С. 427-428.

o экспозиционные комплексы – группы экспонатов, связанных между собой по содержанию, экспозиционной площади или иным признакам и составляющим зрительное и смысловое единство;

o экспозиционное оборудование – совокупность технических средств, используемых для раскрытия основной идеи экспозиции.

Исторически сложилось так, что в первую очередь цифровые технологии затронули экспозиционное оборудование. Внедрение информационных технологий в экспозиционно-выставочную деятельность первоначально ставило перед собой задачи автоматизации ручного труда музейных сотрудников. Машина стала инструментом позволяющим изготавливать для выставок и постоянных экспозиций этикетки, аннотации, экспликации: «То, что раньше делалось от руки или заказывалось в типографии, теперь стали делать с помощью компьютера и принтера»[1]. В конце 1990-х годов в ряде отечественных музеев появляются образцы демонстрационного оборудования, которое устанавливается в экспозициях. Первое появление персонального компьютера в экспозиционном пространстве стало серьезным шагом музея навстречу потребностям и желаниям посетителя. Выставочный вариант персонального компьютера получил особое название – «информационный киоск». Возможности нового оборудования определили и направления его использования – демонстрация мультимедийного материала. Показателен опыт Русского музея (г. Санкт-Петербург), для которого со второй половины 1990-х годов установка информационных киосков в экспозициях стала традиционной практикой: «Примером из практики Русского музея может стать мультимедийная программа «Цвет в живописи», разработанная в 1997 году. Напрямую несвязанная с выставкой «Красный цвет в русском искусстве», данная программа работала для посетителей своеобразным навигатором в науке о цвете, в интерактивной форме предоставляя множество сведений о цвете, его

---

[1] Киссель О., Потапенко Н. Эволюция музейного мультимедиа: опыт Русского музея // Журнал «60 параллель». № 4 (27), 2007. – С. 100-109.

физике, химии, восприятии, символичности и т.д.»[1]. Вслед за информационными киосками в музейных экспозициях появляются жидкокристаллические экраны, плазменные панели, проекторы и проекционные экраны. Внедрение в экспозицию динамичной экранной картинки оказалось удобным как для посетителей, которые теперь получали современные возможности для восприятия музейного материала, так и для сотрудников музея, которые получили новые возможности для развития идеи экспозиционного проекта.

По мере развития цифровые технологии оказывают влияние на другие составляющие музейной экспозиции: параллельно они «интегрируются» в сферу экспоната, определяя новое направление в музейной деятельности – оцифровку музейных предметов[2]. На основе оцифрованных материалов создаются новые мультимедийные ресурсы, позволяющие дистанционно работать с электронным образом музейного предмета. Появление понятия «электронного образа» принципиально новая особенность музея XXI века. Электронные образы музейных предметов стремительно создаются, распространяются, наполняя информационные ресурсы в сети Интернет. На базе электронных образов создаются реальные музейные экспозиции и виртуальные музейные ресурсы.

Анализируя данное обстоятельство, мы обратились к истории музейного дела. На протяжении веков экспозиционное пространство апеллировало исключительно реальными образами (осязаемыми предметами). Возникший с появлением человека искусственный предмет постепенно трансформируется не только с точки зрения технологии, но и с точки зрения человеческого отношения. В эпоху древнего мира оформляется ценность предмета в сознании человека: появляются особо ценные предметы, которые отличались

---

[1] Там же.

[2] Бракер Н.В. Оцифровка, доступ и сохранение цифрового культурного и научного наследия: новые инициативы Европейской комиссии // Сборник материалов «Румянцевские чтения – 2006: Библиотеки, музеи, архивы в формировании интеллектуального и информационного пространства». – М., 2006. – С. 45-49.

материалом, особыми физическими качествами. В античный период усиливаются акценты публичной демонстрации предметов обществу: появляются мусейоны, в которых производились публичные жертвоприношения с привлечением произведений искусства, природных диковин и экзотических предметов. Средневековье развивает и усиливает контрастность религиозного и светского отношения к предмету. С эпохой Возрождения развивается научная значимость предмета. Эпоха просвещения через интерес к социальной и естественной истории формирует идеи об образовательном потенциале коллекций в целом и предмета, в частности. Период XIX-XX вв. обособляет в отдельное направление музейное знание (появляется отдельная научная дисциплина – музееведение) и выделяет музейный предмет в отдельную единицу измерения музейной деятельности. Широкое распространение в XX веке технологии копирования действительности (фотография, аудиозапись, видеофильм) в итоге приводит к появлению копии музейного предмета – электронного образа музейного предмета.

Электронный образ, также как и музейный предмет, возникает не произвольно, а в процессе целенаправленной деятельности. Для понимания грани, которая проходит между реальным предметом и его электронным образом, смоделируем три ситуации:

1. «Кринка, наполненная молоком, стоит на столе» (предмет функционирует в естественной среде бытования, выполняя утилитарную функцию): наблюдая за кринкой со стороны, мы воспринимаем ее функциональность, понимаем для чего она стоит и почему наполнена молоком, в данный момент она «живет».

2. «Кринка помещена в витрину музейной экспозиции» (предмет подвергается научной обработке, консервации, реставрации и демонстрации): доступ к предмету ограничен, понять его функцию и историю бытования теперь мы можем исходя из рассказа экскурсовода или этикетажа. Однако есть

неоспоримое преимущество – перед нами достоверный источник, материальный свидетель эпохи.

3. «Электронный образ кринки воспроизводится на экране сенсорного киоска, установлено в пространстве музейной экспозиции» (создан электронный образ на основе реального образа музейного предмета): в данном случае мы не можем воспринимать подлинность предмета – перед нами не материальный свидетель эпохи, а его электронный образ. С другой стороны, усиливается потенциал интерактивности: посетитель имеет возможность более детально рассмотреть данный предмет, понять его смысл и свойства.

В результате постепенно электронный образ постепенно становится полноправным участником экспозиционного проекта. В качестве примера приведем реализованную в 2005-2007 гг. Русским музеем виртуальную модель неосуществленного проекта Владимира Татлина «Памятник III Интернационалу», известного еще как «Башня Татлина». Анимированная трехмерная модель башни стала одним из наиболее заметных экспонатов на выставках «Авангард – до и после» в Брюсселе (2005 год) и «Здравствуй, Россия!» в Дюссельдорфе (2007 год). В данном случае электронный образ стал центральным элементом экспозиции и продемонстрировал тот массив визуальной информации, который реальными предметами представить невозможно.

С развитием процессов распространения компьютерной техники и создания электронных образов музейных предметов утверждается тенденция регулярного применения цифровых технологий в музейной экспозиции. В начале XXI века появляются музейные экспозиции, концепция, структура и дизайнерское решение которых изначально (на процессе проектирования) подчинялись особенностям цифровых технологий. Пример – экспозиция музейного комплекса «Вселенная Воды» (г. Санкт-Петербург). Экспозиция (открытие состоялось в 2008 году) рассказывает о значении воды в истории цивилизации и жизни каждого человека. В основе разработки экспозиции «Вселенная Воды» заложены две составляющие:

o конструктивные особенности помещения, в котором раньше располагался подземный резервуар для хранения чистой воды, что производит впечатление своеобразного лабиринта: «Экспозиция комплекса состоит из множества элементов, каждый из которых представляет тот или иной аспект бытия воды, а все вместе они создают полную картину сегодняшних знаний о воде, отражают традиции водопользования, представляют проблемы, связанные с сохранением воды на земле»[1];

o изначальная нацеленность на использование цифровых технологий и мультимедийных эффектов в пространстве экспозиции: «Использование возникающих и сменяющих друг друга в пространстве большого зала изображений, смена световых настроений и звукового сопровождения погружает зрителя в находящуюся в непрерывном движении среду, по сути, такую же бесконечно изменчивую, как сама вода»[2].

В экспозиции все ключевые разделы сосредоточены на цифровом оборудовании. Для раскрытия экспозиционного замысла в проекте используются:

o демонстрация фильма «Музыка воды», который позволяет услышать, как звучит вода в природе. Масштабность трех, под углом спроектированных, экранов и высокое качество звука создают особое эмоциональное пространство для посетителей;

o интерактивные терминалы, позволяющие посетителю экспозиции самостоятельно уточнить топонимику водной среды города: это и существующие реки и каналы, и те, что были засыпаны или забраны в трубы, мосты, порты;

---

[1] См.: Официальный сайт музейного комплекса «Вселенная Воды»: www.vodokanal-museum.ru.
[2] Там же.

o прозрачные псевдоголографические экраны, прозрачная поверхность которых усиливает эффект водного пространства.

В данном примере особенности цифровой техники сочетаются с дизайном экспозиции, формируют коммуникационное пространство и оригинально раскрывают тему воды. Проект «Вселенная Воды» удачен с позиций использования цифровых технологий. Однако не во всех случаях музеи демонстрируют нам позитивный опыт применения компьютерной техники. Для понимания возможностей цифровых технологий в пространстве музейного пространства рассмотрим их основные преимущества и риски.

ПРЕИМУЩЕСТВА И РИСКИ
ПРИМЕНЕНИЯ ЦИФРОВОГО ОБОРУДОВАНИЯ

На основе приведенных выше заключений и примеров раскроем преимущества цифрового оборудования через те функции, которые оно выполняет в экспозиционном пространстве.

1. Информационная функция: раскрытие темы, идеи и материалов экспозиции. Попадая в пространство музейной экспозиции из естественной среды бытования предмет, ставший в экспозиции экспонатом, утрачивает часть своего информационного потенциала. Одиночный посетитель не имеет возможности получить подробную наглядную информацию о его использовании, размещении, окружении. Цифровые технологии повышают доступность информации, позволяют виртуальными средствами создать комплексное представление у посетителя о музейном предмете.

2. Образовательная функция: развитие у посетителя новых навыков и получение новых знаний. Образовательная функция тесно связана с современным качеством музейной экспозиции – интерактивностью (использование элементов игры и развлечений). Показателен пример, описанный Т.Г. Богомазовой при анализе первых экспозиций с использованием цифровых технологий: «Впервые я увидела музейную экспозицию, в которой

присутствовали презентационные устройства, управляемые компьютером, в 1999 г. в США, в знаменитом «Музее новостей» (Newseum), который тогда еще располагался не возле Капитолия, а в Арлингтоне. Созданный на спонсорские средства крупнейших медиакомпаний США, он поразил меня вдвойне – как обилием интерактивных устройств в экспозиции, так и большим количеством посетителей, в основном молодых, которые буквально оккупировали музей»[1]. Т.Г. Богомазова определяет ключевые интерактивные элементы экспозиции: возможность записать интервью с Ларри Кингом, выпустить журнал со своей фотографией на обложке, попробовать себя в роли журналиста, снимающего видеосюжет, поработать в телевизионной студии, воспроизведенной с точностью до деталей. Таким образом, технические средства вовлекают посетителя в деятельный процесс, стимулирующий активность при изучении экспозиционного материала. С другой стороны, отметим то обстоятельство, что экспозиции с применением цифровых технологий расширяют знания посетителя в сфере применения современной цифровой техники. Информационные технологии окружают и сопровождают современного человека, во многом определяют его отношение к отдельным предметам действительности. Умение использовать цифровые технологии становится для современного человека необходимым навыком. И подобные экспозиции этому способствуют.

3. Пространственная функция: расширение информационного пространства экспозиции в условиях ограничения размеров музейных помещений. Стандартное экспозиционное пространство измеряется в единицах измерения площадей (сантиметрах, метрах и т.д.). Цифровые технологии предоставляют новый вид площадей, измеряемый в единицах измерения объема информации (байтах). Таким образом, цифровые технологии

---

[1] Богомазова Т.Г. Экспозиция без границ: от музейной базы данных к информационно-экспозиционному пространству // Наследие в эпоху социокультурных трансформаций: Материалы международной конференции. – М.: Академический проект, 2010. – С. 445.

предоставляют возможность использовать виртуальную площадку для демонстрации музейного материала.

4. Аттрактивная функция: цифровые технологии предоставляют возможности творческого использования компьютерной техники и информационного потенциала музейного предмета, позволяют наполнить экспозиционное пространство визуально-выразительными интерактивными элементами, что является привлекательным для современного посетителя, так как активизирует человеческое внимание: «Без проникновения в информационное пространство музей теряет не только своего потенциального зрителя, каковым является молодежь, давно перешедшая на язык информационных технологий, но и необходимые для расширения сферы его деятельности контакты с иногородними и иностранными коллегами»[1].

5. Маркетинговая функция: продвижение музея, а также обеспечение качества музейного сервиса на современном уровне. Проводниками использования цифровых технологий являются государства, достигшие успехов в техническом развитии (США, Япония). На наш взгляд, сегодня рано говорить о полноценном использовании цифровых технологий во всех музеях мира. Цифровые технологии по причине новизны интересны сами по себе. В связи с этим в ряде проектов для посетителя привлекательным является как само оборудование, так и наполняющее его содержание («контент»). Оригинальные музейные проекты с использованием цифровых технологий вызывают интерес, способствуют продвижению позитивного имиджа музея: «В условиях, когда усиливается конкуренция со стороны других учреждений досуга и ставится под угрозу финансовое благополучие музеев, многие осознали, что добровольный

---

[1] Боронева Т.А. Художественный музей и современные информационные технологии // Электронные библиотеки: перспективы развития: материалы секции «Электронные библиотеки» Байкальского информационного форума. 24-26 июня 2009 г. г. Улан-Удэ. – Улан-Удэ, 2009. – С. 61.

характер посещения музеев требует, чтобы и музейные экспозиции и события, которые происходят в нем, были занимательными»[1].

Опыт первого десятилетия XXI века показал необходимость использования цифровых технологий в музейном пространстве, однако существуют определенные риски, которые необходимо учитывать при планировании проекта экспозиции:

o разрушение идейной целостности экспозиции. Распространены примеры экспозиций, когда размещение цифровой аппаратуры не является удачным для раскрытия экспозиционного замысла. Например, производится установка ЖК-дисплея в «неудобном» для глаз посетителя месте (гораздо выше (ниже) уровня глаз), а демонстрирующийся материал неактуален в рамках данного экспозиционного проекта;

o технологические нарушения в работе оборудования, что негативным образом отражается на имидже экспозиционного проекта. Риск сбоев в работе оборудования (за исключением чрезвычайных ситуаций) возможно максимально снизить на этапе проектирования системы управления оборудованием;

o сложность восприятия экспозиционного замысла со стороны посетителей, не владеющих компьютерными технологиями. В данном случае следует обеспечить экспозицию навигационными пояснениями, касающимися использования оборудования. Возможен вариант обучения смотрителей работе с оборудованием, достаточного для последующей демонстрации посетителям.

Таким образом, для реализации успешного музейного проекта на этапе проектирования важно учитывать все особенности цифрового оборудования, в том числе и его риски. В противном случае, какая бы не была оригинальная

---

[1] Коссова И.М., Медведева Е.Б. Отечественное музейное дело в русле международных тенденций // Музей для всех. Сборник трудов творческой лаборатории «Музейная педагогика». Кафедра музейного дела. Вып. 4. – М.: АПРИКТ, 2003. – С.10.

идея проекта, она может быть обречена на провал и отсутствие внимания со стороны зрителя.

ВИДЫ ЦИФРОВОГО ОБОРУДОВАНИЯ, ИСПОЛЬЗУЕМОГО В СОВРЕМЕННЫХ ЭКСПОЗИЦИЯХ

В экспозиционном пространстве цифровые технологии реализуются в двух качествах: экспонат или оборудование. В первом случае цифровые технологии выполняют роль музейного предмета в экспозициях, демонстрирующих достижения техники или произведения цифрового (дигитального) искусства. В XXI веке выставки цифрового искусства стали популярным явлением. В таких проектах в единое целое сплетаются принципы музейного проектирования, художественные особенности творческого произведения и эффекты компьютерной графики. Как правило, реализуются подобные проекты в музеях современного искусства. Регулярно в начале XXI века выставки на основе произведений дигитального искусства проходили в Музее современного искусства (г. Москва), Центре современного искусства "Гараж" (г. Москва), Центре современного искусства «Винзавод» (г. Москва).

Показательный пример – выставка «Decode», прошедшая в феврале-апреле 2011 года в Центре современного искусства «Гараж»: «Экспозиция под названием «Decode: Прикосновение к цифровому искусству» впервые была показана в начале прошлого года в лондонском музее Виктории и Альберта. Затем цифровые экспонаты перебрались в Пекин, и только теперь – в ЦСК «Гараж» В их числе можно обнаружить работы как довольно известных (преимущественно за рубежом) авторов вроде Даниэля Брауна и Аарона Коблина, так и новичков net-арта и цифрового дизайна»[1]. Экспозиционное пространство разделено было на три секции: «Код», «Интерактивность» и «Сеть». Первая секция «Код» демонстрирует идею о том, как современные художники используют компьютерный язык подобно творцам прошлого,

---

[1] Астафьев Ф. Цифровой код: на выставке в «Гараже» // Сайт «РБК Daily» – URL: www.rbcdaily.ru/lifestyle/562949979693346 (дата обращения: 17.09.2013).

использовавшим кисти и холсты или же резец и мрамор: «Произведение представляет «микс» нескольких текстильных и керамических работ из музейной коллекции, который примененная им программа запускает в движение и сама решает, когда, например, распустится неподвижный на первоисточнике цветок»[1].

Раздел «Интерактивность», предлагал посетителям увидеть специфические эффекты:

o   компьютерное дерево (автор – Симон Хейденс), качающееся от ветра на улице: «Вне «Гаража» поставлены специальные сенсоры, улавливающие направление ветра и мы можем внутри по этому древу определять состояние погоды»[2];

o   зеркало, созданное в венецианском стиле, позволяющее почувствовать себя героем старинной фотографии: «Именно так фотографировались на заре рождения этого вида искусства. И часто от долгого стояния и ожидания люди на фотографиях выглядят по-особенному»[3];

o   цифровая инсталляция «Одуванчик» (автор – студия «Sennep и YOKE»). Посетителям было предложено направить на образ одуванчика работающий фен, после чего семена разлетались;

o   инсталляция «Оазис» (автор – коллектив «Everyware»), демонстрирующий необычных существ, когда посетитель разгребает руками черный песок на столе.

Завершал экспозицию раздел «Сеть», где представлены произведения, созданные на основе материалов, размещенных в блогах сети Интернет и мобильной связи: «Один из проектов, например, посвящен чувствам и ощущениям. Его авторы с 2005 года собирали мнения в блогах, где

---

[1] Выставка цифровых технологий в искусстве открылась в Москве // Сетевое издание «РИА Новости». – URL: www.ria.ru/culture/20110211/333160642.html (дата обращения: 17.09.2013).
[2] Там же.
[3] Там же.

ФОРМЫ ПРИМЕНЕНИЯ ЦИФРОВОГО ОБОРУДОВАНИЯ В МУЗЕЙНОЙ ЭКСПОЗИЦИИ

ЦТ

оборудование

Центр «Эрмитаж-Казань» (Казань)

экспонат

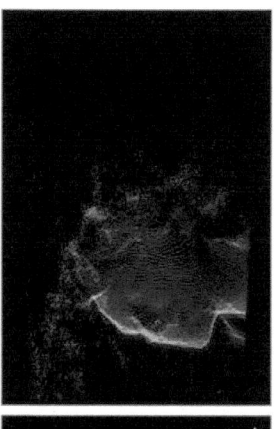
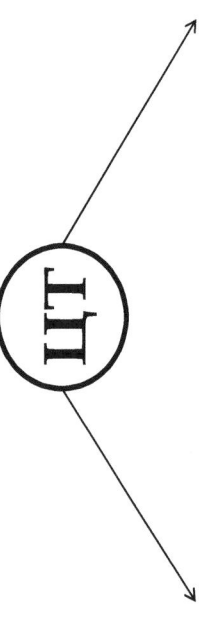

Выставка «Decode».
Февраль – апрель 2011 г.
Центр современного искусства «Гараж» (г. Москва)

ЦТ – цифровые технологии

присутствовало бы слово «чувствовать», теперь, введя запрос, вы, например, можете узнать, как чувствует себя мужчина 30 лет, когда идет снег, причем эти люди будут из разных стран и разных вероисповедований»[1].

Выставка «Decode», на наш взгляд, показательно представила достижения в сфере цифровых технологий и дигитального искусства первого десятилетия XXI века:

развитие интерактивности, как привлекательное свойство для посетителя через применение, например, сенсорных технологий;

использование возможностей сети Интернет, как пространства коммуникации;

ориентация не на одно чувство (живопись – зрение, музыка – слух), а на несколько человеческих чувств (слух, зрение, обоняние, осязание, вкус), что определяет синтезированный (мультимедийный) характер произведения дигитального искусства.

Переходя к теме применения цифровых технологий в качестве оборудования, отметим, что в данном случае цифровая техника выполняет вспомогательную роль и используется для раскрытия основного замысла экспозиции. Первичен всегда будет мультимедийный материал (смысловое наполнение, контент), демонстрируемый посредством оборудования. Рынок цифровой техники в начале XXI века предлагает широкий спектр оборудования. Активное развитие цифровых технологий в музейном пространстве выделило в отдельное направление компании, специализирующиеся на цифровом оборудовании, поставляемом специально в музеи. Анализ музейных экспозиций позволяет определить три технических комплекса цифрового оборудования, наиболее часто используемые для реализации экспозиционных проектов в музейном пространстве: средства отображения информации, средства озвучивания помещения и средства управления функционалом комплекса.

---

[1] Там же.

Средства отображения информации стали фактически самым распространенным техническим средством, внедряемым в музейное пространство. Данная тенденция продолжает традиции покадрового (рамочного, панорамного) восприятия человеком окружающего мира, что довольно показательно описано в работах по теории экранной коммуникации: «Предтеча экрана: рисунки наскальной живописи, глиняные таблички, рисунки на папирусе, бересте, бумаге, иконы на дереве, росписи дворцов и культовых сооружений. На рамочном качестве восприятия мира основывались иконопись, изобразительное искусство, рисованные изображения древних рукописей и книжные гравюры»[1]. В последнее столетие экран стал представлять один из основных предметно-знаковых механизмов общего «культурного среза» человеческой деятельности. Через экран, с его помощью, осуществляются основные движущие культуру действия.

Остается популярной экранная форма демонстрации информации и в музее. Перечислим средства отображения информации, которые можно увидеть в современных экспозициях.

а) Жидкокристаллические и плазменные экраны используются для демонстрации анимационной и графической информации и являются наиболее распространенным средством в отечественных экспозициях. Пример – экспозиция музейно-выставочного комплекса «Рабочий и колхозница» (г. Москва), на которой посредством экранов демонстрируются видеоматериалы (документальное кино) и фотографии, связанные с творчеством Бориса Иофана и Веры Мухиной.

б) Панорамные экраны отличают большие размеры и соотношение сторон (2,5:1), превышающее человеческий рост, что позволяет демонстрировать мультимедийные продукты (в том числе в трехмерном формате) детализировано, с «эффектом погружения». Особенность панорамных экранов

---

[1] Березин В.М., Волкова И.И., Грабельников А.А. Экранная коммуникация в современном информационном обществе: Учеб. пособие. – М.: РУДН, 2008. – С. 13-14.

– изогнутая форма, на которую направляются три луча проекторов со специальными фильтрами. Для просмотра посетителям выдаются специальные очки. Пример – кинозал Еврейского центра и музея толерантности (г. Москва).

б) Прозрачные псевдоголографические экраны обладают особенностью имитировать эффект демонстрации изображений в воздушном пространстве. При демонстрации экран остается прозрачным в темных областях, а яркие элементы графики создают иллюзию объемности изображения. Наиболее распространенный размер такого рода экранов 1,2 на 0,9 м. Пример – экспозиция «Вселенная воды».

в) Музейные витрины для демонстрации фотореалистичных трехмерных объектов (3D-витрины) используют технологию псевдоголограммы. Данное оборудование позволяет формировать мнимые объемные образы в пространстве. Посредством 3D-витрин посетителю предоставляется возможность рассмотреть объект с различных сторон: «предмет внутри витрины можно поворачивать под удобным ракурсом, взмахивая кистью руки влево-вправо»[1]. Материал для демонстрации записывается либо на встроенный компьютер по локальной сети либо на флеш-носитель и подается через внешний USB-разъем. Пример – центр-музей И.А.Гончарова (г. Ульяновск).

г) Интерактивные столы и терминалы, поверхность которых представляет собой плазменную или жидкокристаллическую панель с вандалоустойчивым покрытием и сенсорной системой. Интерактивные столы и терминалы используются в экспозиционном пространстве для навигации, визуализации и интерактивной подачи данных. Распространенной для данного оборудования становится функция «мультитач», позволяющая работать за устройством нескольким посетителям (поддержка от 12 до 32 одновременных касаний). Диагональный ряд интерактивных столов возможен от 32 до 100 дюймов. Пример – проект Ярославского государственного историко-архитектурного и художественного музея-заповедника «Интерактивная книга» (г. Ярославль),

---

[1] Оснащение музейных экспозиций. Издание компании «ASCREEN». – СПб, 2012.

реализованный в 2009 году в экспозиции «Слово о полку Игореве». В экспозиции был установлен интерактивный стол, посредством которого посетители могли пролистывать электронную версию «Слова...».

д) Технология сценической голограммы позволяет воссоздавать образ человека в полный рост, объемные предметы, «зависшие в воздухе». Используя данную технологию, появляется возможность оживлять персонажей и воссоздавать исторические сцены и события. Пример – Художественный музей (г. Сочи): использование экскурсовода, выполненного посредством технологии голограммы.

е) Технология «видеомэппинга» – проецирование, в котором в качестве экрана выступает любая поверхность или объемный предмет: «Масштаб подобной проекции может быть любой: проецировать можно на диван в помещении или на огромные здания прямо в центре города. Это достигается благодаря используемой технологии бесшовной сшивки любого количества проекторов»[1]. Технология «видеомэппинга» включает три составляющие: набор оборудования (проекционная техника, звук, коммутация), объект проецирования (фасад здания, настенный рельеф, геометрические объекты разных форм) и визуальный «контент» (двумерные и трехмерные графические материалы).

ПРИМЕНЕНИЕ ТЕХНОЛОГИЙ ТРЕХМЕРНОЙ ВИЗУАЛИЗАЦИИ В МУЗЕЙНОЙ ЭКСПОЗИЦИИ

В связи с тем, что особо актуальными и востребованными сегодня стали технологии, формирующие трехмерное пространство, отдельно остановимся на применении в музейной экспозиции технологий трехмерной визуализации. Технологии, связанные с развитием 3D-печати, 3D-демонстрации, 3D-проецирования, совершенствуются необычайно быстрыми темпами, а ресурсы,

---

[1] Оснащение музейных экспозиций. Издание компании «ASCREEN». – СПб, 2012.

созданные с применением технологий трехмерной визуализации, становятся оригинальнее и информативнее.

Технологии трехмерной визуализации — совокупность инструментов, позволяющих проецировать в виртуальной среде трехмерное пространство, в том числе эффект третьего измерения и объемных объектов. Вопрос о мерности пространства является спорным: исследователи не исключают, что структура нашего пространства может оказаться гораздо сложнее, чем мы считаем, что пространство является 4-х-, 10-ти-, 11-ти-, n-мерным. Однако общепризнанным является факт, что человеческому восприятию непосредственно доступны лишь три измерения. Понимание пространства, как трехмерной среды, лежит и в основе технологии трехмерной визуализации. Термин «3D», утвердившийся в лексиконе современного человека, часто ассоциируется с воссозданием третьего пространства или объемного изображения средствами компьютерных технологий. Однако это не совсем так. Мы можем говорить о реализации принципа 3D и в том случае, если автор экспозиции ставит задачу на акцент третьего (глубинного пространства) например средствами материальных декораций. То есть параллель между словами «3D» и «компьютерный метод» не настолько очевидна, но в данном исследовании мы на примерах музейного дела рассматриваем 3D (трехмерное пространство) именно в связи с достижениями компьютерных технологий.

Каким образом отличить двумерное изображение (2D) от трехмерного изображения (3D)? Двумерное изображение имеет два измерения: высоту и ширину, трехмерное изображение – три: высоту, ширину и глубину. Двумерная графика хороша для выражения чего-либо простого за максимально короткое для понимания время (например, знаки дорожного движения создаются в графическом виде, максимально понятном для человеческого глаза). Трехмерная графика может дать больше информации, но на ее усвоение требуется большее время (пример – стереоскопические фильмы, фильмы в формате «3D»). При создании трехмерных изображений сегодня популярны такие редакторы, как Autodesk 3ds Max, Autodesk Maya, ArchiCAD.

Музей является той площадкой, где развитие технологий трехмерной визуализации наиболее перспективно. С одной стороны, технологии трехмерной визуализации интересны сегодня по причине своей новизны, уже этим привлекая посетителей. С другой стороны, именно 3D-технологии помогают воспроизвести музейные предметы «со всех сторон», что важно в условиях ограниченности музейных помещений. Возможно, музей будущего уйдет от линейности при создании экспозиций, будет представлять впечатляющие многоуровневые комплексы на синтезе реальных и трехмерных музейных предметов.

В основе музейных проектов, связанных с трехмерным моделированием, лежат трехмерные модели музейных предметов и объектов культурного наследия. Определим направления музейных проектов, в реализации которых получило развитие использование технологий трехмерной визуализации.

Цифровые исторические реконструкции – создание трехмерной электронной модели утраченного объекта культурного наследия. Создание исторических реконструкций развивается с 90-х гг. XX в. и сегодня рассматривается как один из методов исторического исследования. Создание исторических реконструкций подразделяется на несколько видов: реконструкция старинных городов; реконструкция ландшафта, реконструкция отдельных зданий, реконструкция предметов материальной культуры, реконструкция событий. Примером, позволяющим наиболее ярко представить суть реконструкции, являются компьютерные игры. Однако говорить об исторической достоверности при создании компьютерных игр приходится в редких случаях. Как правило, достоверные исторические реконструкции создаются в исследовательских целях. Музей служит площадкой, позволяющей продемонстрировать результаты использования данного метода. Показательным музейным проектом, демонстрирующим результаты разработки исторических реконструкций, следует назвать компьютерный фильм 2004 года «Der Moskauter Kreml. 850 Jahre Baugeschichte im Computer» («Московский Кремль. 850 лет истории архитектурного комплекса в компьютере»). Фильм был создан на немецком языке. Его длительность – 24 минуты. Разработчиком выступил Технический Университет Дармштадта (Германия) в сотрудничестве с Музеями Московского Кремля (Россия). Фильм демонстрировался на выставке «Московский Кремль сквозь 850-летнюю историю», проходившей в г. Бонне (Германия). В фильме созданы исторические реконструкции архитектурного комплекса пяти периодов: Деревянный Кремль XII-XIV вв.; Белокаменный Кремль XIV-XV вв.; Краснокирпичный Кремль XVI века; Краснокирпичный Кремль, 1910 г.; Краснокирпичный Кремль, современный вид. Рельеф, места расположения древних зданий воссозданы в компьютерном фильме на основе археологических раскопок и фундаментальных научных исследований. Для воссоздания видов древних зданий использовались архивные материалы и источники. При отсутствии исторических материалов авторы пользовались историческими аналогами. В сценарий фильма включены проходы через башни и по улицам древнего города, воссозданные по воспоминаниям современников: «Научные сотрудники, занимающиеся подбором архивных материалов, собрали базу данных из 3000 имиджей – карт, планов, разрезов, гравюр, акварелей, фотографий и т.п. На основе этой базы данных и была создана 3D-историческая реконструкция архитектурного комплекса Московского Кремля»[1].

Также для воссоздания полноты картины развития цифровой исторической реконструкции отметим две виртуальные модели, которые изначально не были связаны с музейной практикой, однако демонстрируют характер развития такого рода проектов на современном этапе:

---

[1]Дремайлов А.В. Компьютерная историческая реконструкция Московского Кремля // Инновационная политика в сфере сохранения культурного наследия и развития культурно-познавательного туризма: Итоги Междунар. конф. Москва, 25-27 ноября 2005 г. – М., 2006. – С. 92-94.

o виртуальная модель императорского дворца «Запретный город» в
   г. Пекине в рамках проекта «Beyond Space and Time»
   (www.beyondspaceandtime.org);

o виртуальная модель Древнего Рима в рамках проекта Google Earth
   (www.earth.google.com/rome/).

Виртуальные (круговые, сферические) панорамы – создание эффекта
трехмерного пространства средствами фотопанорамы. Создание визуальных
панорам базируется на трех основных этапах: фотосъемка объекта, обработка
фотографий (соединение фотографий в одно панорамное изображение),
создание на панорамном изображении активных областей. Виртуальная
панорама дает возможность рассмотреть объект (здание, экспозицию, интерьер)
общим планом или в мельчайших подробностях: на экране монитора
появляется изображение, которое окружает пользователя сферой в 360
градусов, что повышает уровень визуальной информации. Примеры
виртуальных панорам представлены на следующих ресурсах:

o на сайте музея Ватикана (виртуальные туры сделаны для разнообразных
   известных объектов, таких как Григорианские этрусский и египетский
   музеи, комнаты Рафаэля, Сикстинская Капелла и др.):
   http://mv.vatican.va/3_EN/pages/MV_Visite.html;

o панорамный тур Иркутского областного краеведческого музея (CD-
   издание, отдельные панорамы представлены на официальном сайте
   www.museum.irkutsk.ru/tour.htm), демонстрирующий музейную студию,
   хранилище, отдел природы музея. Достоинством панорамы является
   наличие вспомогательной текстовой информации, которая сопровождает
   музейные объекты, включенные разработчиками в активные зоны;

o сайт Музея самоваров из частной коллекции Михаила Борщева
   (пользователям предоставляется возможность познакомиться с
   экспозициями, размещенными на трех этажах выставочного зала реально
   существующего музея): www.samovaroff.net/muzei_samovari.

Виртуальные музеи (виртуальные экскурсии) в сети Интернет в ряде случаев также создаются средствами технологий трехмерной визуализации. Виртуальные музеи могут демонстрировать коллекции трехмерных образов музейных предметов (виртуальный музей связи: http://museum.dsv.ru/) или исторические реконструкции (виртуальный археологический музей античного Геркуланума: www.capware.it), а также воспроизводить пространство реально существующего музея (Виртуальный Московский Кремль: www.kremlru.ru/gallery.php). Использование технологий трехмерной визуализации послужило поводом, что виртуальные музеи такого рода иногда называют «3D-музеями».

Демонстрация стереоскопических эффектов. Под стереоскопическим эффектом подразумевается зрительное восприятие окружающих предметов объемными, возникающее вследствие наблюдения объектов под разными ракурсами правым и левым глазом. Стереоскопическое изображение получают на фотопленке по крайней мере с двух ракурсов. Многоракурсные стереоскопические изображения (например, объемные цветные открытки) получают с помощью растров.

Демонстрация стереоскопических эффектов стала доминирующей идеей в ходе реализации выставочного проекта «Старая Москва 3D» (территория музея-заповедника «Коломенское», г. Москва, 16-26 октября 2008 г.). На выставке были представлены объемные изображения старого города и соответствующие современные виды, которые необходимо рассматривать с помощью технологии стерео-очков.

Яркий пример демонстрации стереоскопического фильма – экспозиция Музея истории шоколада и какао. Одним из этапов экскурсии, посвящённой истории кондитерского дела в России и первым русским кондитерам, является просмотр стереоскопического фильма.

Музейные проекты с использованием технологий трехмерной визуализации будут совершенствоваться по мере развития цифровых технологий. Актуальное направление развития – 3D-печать (современные цифровые аддитивные технологии, позволяющие создавать трехмерную модель). Существует мнение, что в перспективе 3D-печать предоставит возможность создавать изделия «прямо дома или в соседнем офисе»[1], что, безусловно, отразится на материальной ценности предметного мира человека. Технологии трехмерной визуализации – новый инструмент, выводящий на новый уровень процесс создания модели объекта. Возможности трехмерной графики позволяют создавать точные копии конкретных предметов и моделировать не существующие явления и объекты, что в итоге предоставляет музею новые возможности создания экспозиций в реальном и виртуальном пространстве.

---

[1] Хайман Э. Напечатать город: как 3D-технологии приведут к культурной революции // Теории и практики. М., 2010. – URL: www.theoryandpractice.ru/posts/1754-napechatat-gorod-kak-3d-tekhnologii-privedut-k-kulturnoy-revolyutsii (дата обращения: 17.09.2013).

ЧАСТЬ ТРЕТЬЯ

МОДЕЛИ ПРОЕКТИРОВАНИЯ МУЗЕЙНОЙ ЭКСПОЗИЦИИ С ИСПОЛЬЗОВАНИЕМ ЦИФРОВОГО ОБОРУДОВАНИЯ

По итогам анализа практики создания музейных экспозиций с привлечением цифровых технологий в данном исследовании в данном исследовании определено 3 модели проектирования: аудиовизуальная, интерактивная и виртуальная.

МОДЕЛЬ № 1: АУДИОВИЗУАЛЬНАЯ

При построении экспозиции по аудиовизуальной модели прослеживаются две основные особенности:

o передача посетителю информации по принципу «монолога» (посетитель «читает экспозицию», интерактивность в ярком виде не прослеживается);

o широкое применение средств отображения информации (наиболее популярными при такой модели становятся разнообразные экраны, транслирующие видеофрагменты).

В подавляющем большинстве экспозиций отечественных музеев использование цифровых технологий ограничивается установкой простейшего оборудования (персональный компьютер, сенсорный киоск). Отсутствует проектирование сложной системы управления цифровым устройством музейной экспозиции. С другой стороны, в данном случае существуют минимальные риски нарушения функционирования оборудования в часы работы экспозиции для посетителей по причины простоты самого технического комплекса.

Удачным примером установки минимального набора цифрового оборудования является экспозиция «Слава Зайцев. Жизнь = творчество», расположенная в Музее ивановского ситца (г. Иваново) и посвященная жизни и деятельности российского модельера В. Зайцева. В одном из залов расположена жидкокристаллическая панель экрана, демонстрирующая показы моделей одежды, разработанные модельером. Таким образом, посетитель, рассматривающий на манекенах статичное расположение одежды, на экране имеет возможность увидеть, как та или иная модель смотрятся на человеке в динамике. Данный подход является действенным средством в раскрытии темы экспозиции, способствует расширению информационного поля музейной экспозиции[1].

Другой пример аудиовизуальной модели – экспозиция «Американский кабинет» Иосифа Бродского, расположенный в музее Анны Ахматовой в Фонтанном Доме (г. Санкт-Петербург). В 2003 г. Фонд наследственного имущества И. Бродского и вдова поэта М. Бродская передали Музею Анны Ахматовой в Фонтанном Доме вещи из дома И. Бродского в небольшом американском городке Саут-Хедли в штате Массачусетс: письменный стол, секретер, настольную лампу, кресло, диван, постеры, связанные с итальянскими поездками Бродского, его библиотеку, коллекцию почтовых открыток и фотографии интерьеров дома в Саут-Хедли, сделанные Ноэми Палмерс. Коллекция небольшая, однако, авторам удалось создать экспозицию, позволяющую посетителю погрузиться в мир жизни и творчества И. Бродского. По нашему мнению, серьезную вспомогательную роль при этом играет использование в экспозиции рамок для цифровых фотографий, проецирование на стену портретных изображений И. Бродского, трансляция видеорепортажей с писателем. Элементы цифрового оборудования гармонично вписаны интерьер кабинета. Удачно продумано соотношение света и тени в интерьере. Основная идея экспозиции не зависит напрямую от установленного оборудования. Основная смысловая нагрузка сосредоточена на музейных предметах. Однако размещение цифровой техники в экспозиции повышает ее аттрактивность и информационный потенциал[2].

---

[1] «Слава Зайцев. Жизнь = Творчество» в Музее ивановского ситца // Портал «Музеи России». – URL: www.museum.ru/n31059 (дата обращения: 17.09.2013).
[2] Американский кабинет» Иосифа Бродского // Официальный сайт музея Анны Ахматовой в Фонтанном Доме. – URL: www.akhmatova.spb.ru/amerikanskiy-kabinet-iosifa-brodskogo.65.html (дата обращения: 17.09.2013).

МОДЕЛИ ПРОЕКТИРОВАНИЯ МУЗЕЙНОЙ ЭКСПОЗИЦИИ
С ПРИМЕНЕНИЕМ ЦИФРОВОГО ОБОРУДОВАНИЯ

МОДЕЛЬ № 1:
АУДИОВИЗУАЛЬНАЯ

Музей оккупации
(г. Таллин)

Музей современного искусства
«Эрарта» (г. Санкт-Петербург)

Центральный музей
связи им. А.С. Попова
(г. Санкт-Петербург)

МОДЕЛЬ № 2: ИНТЕРАКТИВНАЯ

Экспозиции, построенные по интерактивной модели, основаны на вовлечении посетителя в активное действие. В отличие от аудиовизуальной модели при интерактивной модели наблюдается «диалог» посетителя и экспозиции: «Любой информационный киоск работает только во взаимодействии с пользователем. Но в таком диалоге можно пойти дальше – современные компьютерные технологии позволяют посетителям воздействовать не только на экранные изображения, но и на реальную музейную экспозицию».

Показательный пример – экспозиция Русского музея «Открытый фонд скульптуры XX века» (2007 год). Для данного проекта была разработана специальная информационная система, размещенная в интерактивных терминалах. Посредством терминалов посетитель получает возможность получить аннотации о выставленных произведениях, детально рассмотреть скульптуры, со всех сторон «вращая» электронные изображения. «Кроме того, система позволяет управлять светом в экспозиции, высвечивая отдельные скульптуры или целые ряды предметов, выстроенные по хронологии, принадлежности к авторам, по материалу и технике, по любым другим признакам: на языке экспозиционеров – выстраивать экспозиционные ряды по собственному усмотрению»[1]. Экспозиции, построенные по принципу открытого хранения, содержат в себе минимум профессиональных искусствоведческих интерпретаций. В данном случае цифровые технологии позволяют выстроить двусторонний диалог посетителя с такой экспозицией, предложить несколько вариантов интерпретации и возможность собственного творческого прочтения.

На наш взгляд, удачным примером интерактивной модели являются экспозиции Государственного Дарвиновского музея (г. Москва). В музее прослеживается гармоничное сочетание цифрового оборудования и сценарного

---

[1] Киссель О., Потапенко Н. Эволюция музейного мультимедиа: опыт Русского музея // Журнал «60 параллель», № 4 (27), 2007. – С. 100-109.

замысла. В музее установлено значительное количество цифрового оборудования, вовлекающего посетителя в активное путешествие по экспозиции:

o оборудование для аудио-демонстрации голосов птиц и животных;

o «живые весы» (измерение веса посетителя в необычных единицах покажут вес в мышах, кошках, медведях и слонах);

o экраны для просмотра фильмов («История Дарвиновского музея», «Гидротермы», «Эволюция жизни на Земле», «Эволюция поведения», «Животные и континенты», «Современные экологические проблемы»).

На каждом этаже музея установлены компьютеры с выходом в сеть Интернет. Также технически инновационными следует считать экспозиционные проекты «Река времени» и «Многообразие жизни на Земле»[1].

Мультимедийная экспозиция «Река времени» была спроектирована в зале «Макроэволюция». На экране длиной 28 метров 9 проекторов демонстрируют короткие фильмы, которые в непрерывном режиме рассказывают о разных этапах развития жизни на Земле. Для каждого из экранов создан собственный двухминутный фильм, посвященный определенному историческому периоду. Фильмы, объединяясь в единую систему (река времени), позволяют представить посетителю музея, как происходило становление и развитие жизни на Земле от ее зарождения до современности. Технология видеоэкскурсии «Многообразие жизни на Земле» заключается в том, что на установленных экранах поочередно транслируются видеоролики с экскурсионным рассказом.

Таким образом, современные цифровые технологии позволяют данному музею полноценно раскрывать предметный мир природы и культуры в экспозиционном пространстве, что в результате способствует формированию позитивного имиджа Государственного Дарвиновского музея и высоким показателям посещаемости: «К 1 декабря 2012 года Дарвиновский музей

---

[1] Видеоэкскурсия «Многообразие жизни на Земле» и полиэкранная мультимедийная экспозиция «Река времени» // Научно-популярный журнал «Экология и жизнь». – URL: www.ecolife.ru/vystavki/19/82/ (дата обращения: 17.09.2013).

МОДЕЛИ ПРОЕКТИРОВАНИЯ МУЗЕЙНОЙ ЭКСПОЗИЦИИ С ПРИМЕНЕНИЕМ ЦИФРОВОГО ОБОРУДОВАНИЯ

МОДЕЛЬ № 2: ИНТЕРАКТИВНАЯ

Еврейский музей и центр толерантности (г. Москва)

Музей «Лунариум», расположенный в Планетарии г. Москвы

преодолел полумиллионный рубеж по посещаемости в год. В Москве, где так много великолепных музеев и мест, где можно провести свой досуг, — это непростая задача»[1].

В соответствии с интерактивной моделью спроектирована экспозиция «Дома Н.В. Гоголя» – мемориального музея и научной библиотеки, открывшегося в Москве в 2009 году. В музее собраны подлинные исторические предметы и произведения искусства, вещи, принадлежавшие роду Гоголей. В данной музейной экспозиции были созданы инсталляции, «в которых подлинный музейный предмет выражает «душу» мемориального пространства»[2]. В прихожей таким предметом служит «сундук странствий», в гостиной – камин, в кабинете Н.В. Гоголя – конторка, в зале «Ревизора» - кресло, в комнате памяти писателя – его посмертная маска. Все аудиовизуальные и световые эффекты в Музее Гоголя работают автоматически.

Заключительной частью экспозиции является зал «Воплощение», представляющий собой художественную фантазию, созданную по мотивам произведений писателя. Доминирующее звено зала – восемь экранов с сенсорным управлением, представляющие мультимедиа-ресурсы, посвященные биографии Н.В. Гоголя, произведениям Н.В. Гоголя, пребыванию Н.В. Гоголя в Москве (в основе представлена карта-схема, на которой обозначены все известные места, где бывал писатель). На стенах зала изображены фантазий художника (соавтора экспозиции) по мотивам произведений Н.В.Гоголя и прикреплены объемные скульптурные инсталляции – главные персонажи. На плазменных панелях в непрерывном режиме транслируются фильмы, посвященные жизни и творчеству выдающегося писателя. Пример данной экспозиции иллюстрирует особенность модели – включение цифрового

---

[1] Государственный Дарвиновский музей. Отчёт за 2012 год. – М.: ГДМ, 2013. – С. 9.
[2] Центральная городская библиотека – мемориальный центр «Дом Гоголя» // Официальный сайт компании «Activision». – URL: www.activision.ru/project/museum/gogol_21.html (дата обращения: 13.09.2013).

оборудования в сценарный замысел экспозиции. Без обращения к цифровому оборудованию посетитель не увидит полный образ экспозиции.

МОДЕЛЬ № 3: ВИРТУАЛЬНАЯ

Принципиально новой формой представления информации в XXI веке стали экспозиции, разработанные по виртуальной модели. Экспозиции, разработанные по виртуальной модели, существуют в виртуальном пространстве и предоставляют пользователю удаленный доступ к электронным образам музейных предметов. Основной особенностью виртуальной модели является полное проектирование экспозиции в виртуальном пространстве. Понятие «виртуальная экспозиция» тесно соприкасается с понятием «виртуальный музей». Однако виртуальная экспозиция ограничивается принципами демонстрации электронных образов, в то время как виртуальный музей должен включать разделы имитирующие научно-фондовую и образовательную работу реального музея[1]. Под виртуальной экспозицией мы понимаем информационный ресурс, созданный средствами компьютерных технологий и музейного проектирования с целью представления в виртуальном пространстве электронных образов объектов материального и нематериального наследия. Формы представления могут быть различны: веб-сайт, веб-страница, мультимедийные презентации. Размещение может производиться в сети Интернет, на DVD- и CD-дисках и др.

Возникновение виртуальных музеев и виртуальных экспозиций – факт, характерный для современной культуры постмодернизма, ключевой особенностью которой является вытеснение «законодательной» парадигмы разума «интерпретивной», что определяет глубокие изменения в мышлении человека. Традиционные взгляды на традиционные предметы и явления пересматриваются: «повсюду находятся видимости, достойные разоблачения,

---

[1] См.: Смирнова Т.А. «Раздвигая границы реальности…»: современные тенденции развития виртуальных музеев // Справочник руководителя учреждений культуры. 2010. № 12. – С. 56-63.

что формирует новый взгляд на старые вещи»[1]. Изменяется и взгляд на назначение музея. Музей выступает в настоящее время в роли не просто хранителя, но и транслятора смыслов, которые содержат в себе музейные предметы. Одним из перспективных направлений для такого рода трансляции стала сеть Интернет. Создание виртуальных экспозиций и виртуальных музеев – путь к наполнению Интернет-пространства позитивной информацией, направленной на развитие визуальной культуры, позволяющей всесторонне и плодотворно осваивать мир в его динамических, статических и эмоционально-личностных характеристиках. В современной культуре окно дисплея, представляющее визуальные образы, стало одним из главных средств передачи информации. Экран изменил способ представления информации: предпочтение переместилось с повествовательного на образное: «Визуальный поворот в современной культуре кодирует иначе современного человека. Образная система, заключенная в окне дисплея, способная развивать эмоционально-ценностные отношения личности в процессе познания пластичного визуального образа, что в немалой мере способствует оптимизации социальных отношений»[2].

Во многих случаях люди используют «экран» сети Интернет как альтернативу своему непосредственному реальному окружению. Для подавляющего большинства посетителей музеев именно Интернет является основным и предпочтительным источником информации о новых выставках, режиме работы. Социологическое исследование, проведенное сотрудниками Музеев Московского Кремля[3], показывает, что «для значительной части исследуемых групп интернет является основным источником информации,

[1] Новикова Н.Л., Воронина Н.И., Беляцкая А.А. Человек в мире повседневности. Ч.1. – Саранск, 2009. – С.52.
[2] Власова Я.М. Визуальный образ в современной культуре: к постановке проблемы // Вестник Волгоградского государственного университета. Серия 9. Исследования молодых ученых. – 2010. Вып. 8. Ч.1. – С. 129.
[3] Дремайлов А.В., Костанян С.А., Пахомова Е.И. Соответствие информационных услуг музея ожиданиям посетителя // Справочник руководителя учреждений культуры. 2010. № 2. – С. 46-56.

касающейся истории и исторических событий (таковыми его назвали 19% гостей столицы и 13% москвичей), истории отдельных музейных экспонатов (27 и 20% соответственно)». Также в данном исследовании отмечается достаточно высокий уровень готовности населения воспользоваться информационными ресурсами с применением современных технологий: познакомится с полным электронным каталогом собрания музейного фонда Кремля (57%), воспользоваться виртуальной тематической экскурсией в историческую среду Кремля различных эпох (56%) или индивидуальным электронным путеводителем (65%). Таким образом, можно сделать вывод, что для развития привлекательного в глазах посетителя образа музея внедрение и использование виртуальной модели стало определенной необходимостью.

В рамках проекта Комиссии Европейского Сообщества «MINERVA» в 2006 году было опубликовано руководство «Принципы качества веб-сайтов по культуре»[1], в котором были сформулированы основные концептуальные подходы к созданию веб-сайтов. На основе данных принципов определим параметры, которые качественный мультимедийный ресурс в форме виртуальной экспозиции:

o   удобная система навигации по ресурсу;

o   оригинальный дизайн;

o   отсутствие искажения фактов, которые могут привести к предвзятому представлению о теме экспозиции;

o   реализация коммуникативных принципов в различных режимах (форум, консультация, виртуальная экскурсия и др.);

o   многоплановость представления информации, подходящей для разных категорий пользователей с позиции профессионального и возрастного интереса;

o   реализация принципа многоязычности (обеспечение доступа к информации более чем на одном языке);

---

[1] См.: Принципы качества веб-сайтов по культуре / Под редакцией Пятой рабочей группы проекта «Minerva». – М., 2006.

МОДЕЛИ ПРОЕКТИРОВАНИЯ МУЗЕЙНОЙ ЭКСПОЗИЦИИ С ПРИМЕНЕНИЕМ ЦИФРОВОГО ОБОРУДОВАНИЯ

МОДЕЛЬ № 3: ВИРТУАЛЬНАЯ

Виртуальная экспозиция
Государственного Дарвиновского музея (г. Москва)

Виртуальная экспозиция, посвященная 150-летию
со дня рождения М.А.Врубеля (разработчик
Государственная Третьяковская галерея, г. Москва)

Трехмерная панорама Бородинского сражения , подготовленная для Музея-панорамы «Бородинская битва» (г. Москва)

○ использование при разработке и последующей актуализации виртуальной экспозиции современных соответствующих стратегий и стандартов, обеспечивающих мультимедийному ресурсу и его содержанию долговременную сохранность.

Виртуальные экспозиции могут быть классифицированы по различным принципам. В соответствии с технологиями разработки следует выделять статичные виртуальные экспозиции, содержащие статическую информацию, и динамичные виртуальные экспозиции, предусматривающие технологии обратной связи с пользователем. Внесение изменений в статичный ресурс на уровне исправления его сценария (применительно к сайтам – исправление кода) может осуществить только специалист. В пространстве динамической виртуальной экспозиции пользователю (посетителю) предоставляется возможность вносить в контент (наполнение) изменения, например, формировать путь виртуального тура. Динамическое направление сегодня становится все более популярным.

По тематическому принципу классификации виртуальных экспозиций можно выделить следующие категории:

естественнонаучные: экспозиция виртуального музея истории связи (www.vt.ru/18845),

исторические: экспозиция виртуального музея «Тайны египетских мумий» (www.mcq.org/momies),

художественные: экспозиция виртуального музея русского примитива (www.museum.ru/museum/primitiv),

технические: экспозиция виртуального музея Российской железной дороги (www.demo.neq4.ru/rzd2).

Также классификацию дополняют архитектурные, литературные, театральные, музыкальные, мемориальные, краеведческие экспозиции. Данный тип классификации соответствует профилям музеев реальных.

Явление виртуальной экспозиции – новое проявление музейного отношения человека к окружающей действительности. Год от года экспозиции, проектируемые по виртуальной модели, становятся все более популярными. Ежегодно появляются новые виртуальные музеи, формируются виртуальные площадки, объединяющие коллекции нескольких виртуальных музеев (Канадский виртуальный музей[1], Европейский виртуальный музей[2]).

Появление виртуальных музеев и виртуальных экспозиций вызвало ряд опасений в исследовательской среде в начале XXI века о перспективах исчезновения самого учреждения «музей». На наш взгляд, рост виртуальных экспозиций в сети Интернет не станет причиной снижения интереса к реальному музею до тех пор, пока у человека существует интерес к культурным ценностям и музейным предметам, без которых, на наш взгляд, музей лишен определенного смысла, подобно «телевизору без пульта управления, книге без букв, преступлению без расследования…»[3].

---

[1] Канадский виртуальный музей: www.museevirtuel-virtualmuseum.ca.
[2] Европейский виртуальный музей: www.europeanvirtualmuseum.net.
[3] Вербер Б. Мы, боги. Волшебный остров. – М., 2008. – С. 32.

ЗАКЛЮЧЕНИЕ

Все процессы, явления, периоды, связанные с развитием человеческого общества, измеримы предметами и артефактами. Предмет в жизни человека играет огромную роль, в связи с тем, что дополняет жизнь новыми смыслами. Эти смыслы могут быть позитивными и негативными: пример позитивного смысла – традиция, память; негативного – вещизм, мелочность. В жизни музея предмет – определенная единица измерения. Показательная мысль Сьюзан Пирс: «У всех музейных собраний есть три общих качества: они состоят из предметов (…), эти предметы дошли до нас из прошлого, и, наконец, эти предмет были кем-то намеренно собраны (сколь бы слабо это намерение ни осознавалось), и тот, кто собирал их, верил, что когда-то собрание станет чем-то большим, чем просто множество вещей»[1].

Каждый предмет в музейном пространстве наделен определенным смыслом. Значительную роль в передаче смысла играет мысль автора, в роли которого может выступать экспозиционер, художник, экскурсовод. Цифровые технологии сегодня сравнительно новый, но обладающий большим потенциалом инструмент, который в руках профессионала может создать уникальные экспозиционные проекты и наполнить информационное поле музейного предмета глубоким смыслом.

---

[1] Пирс С. Музеи, предметы, собрания // Открытый музей. 2004. № 1-2. – С. 8.

Printed by Books on Demand GmbH, Norderstedt / Germany